Philippe Chazot

Tiere modellieren
für Einsteiger

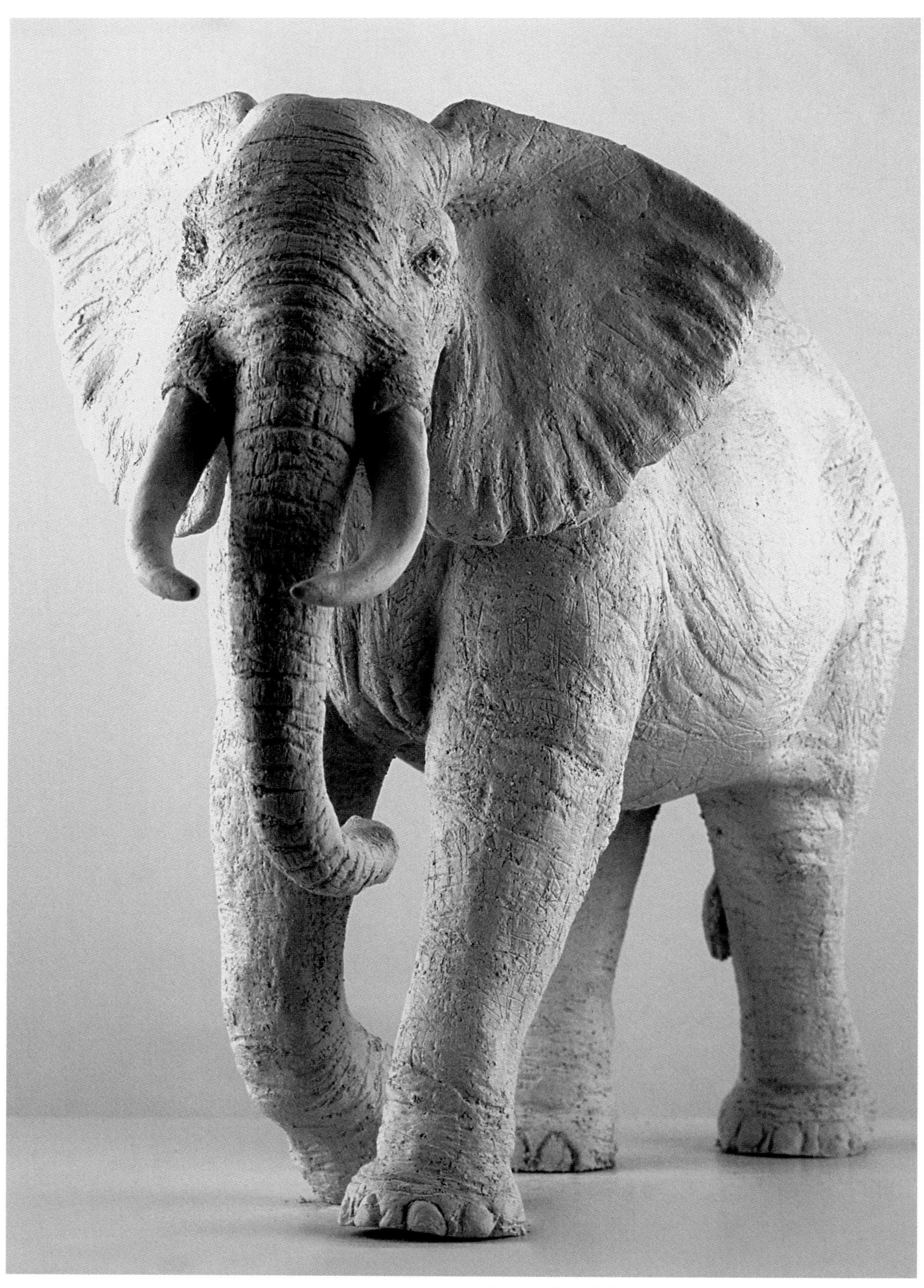

Afrikanischer Elefant, (Philippe Chazot), gebrannter Ton.

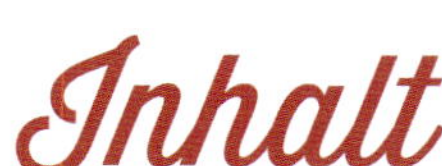

Inhalt

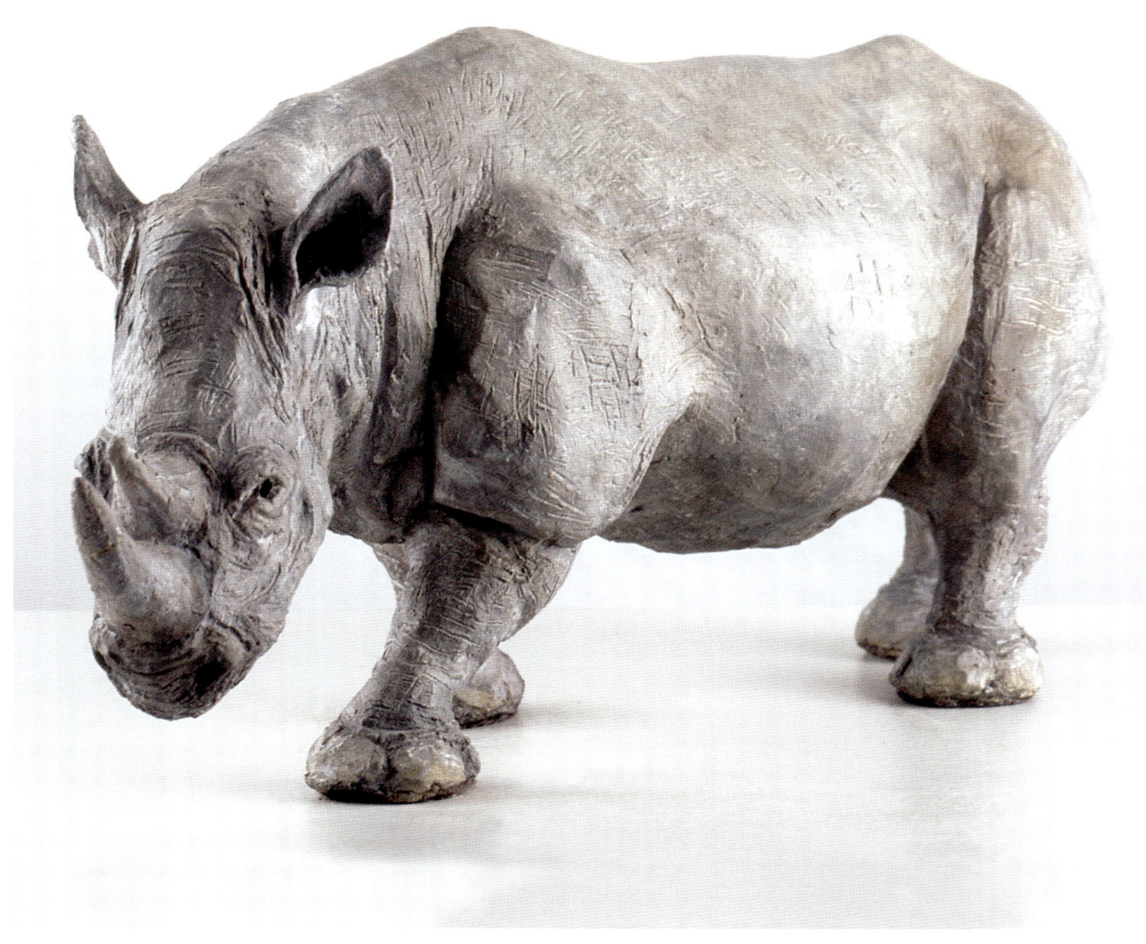

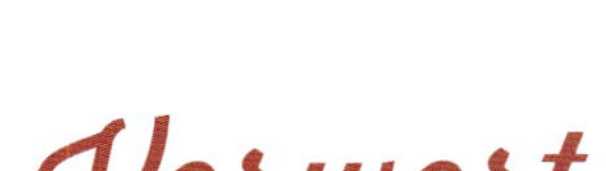

Vorwort

Seit seinem ersten Erscheinen hatte dieses Buch ein wenig Staub angesetzt. Der Inhalt dieser neuen Ausgabe ist derselbe, aber mit einem neuen Layout und einigen neuen Fotos. Da der Hauptvorteil eines Fachbuchs seine Zeitlosigkeit ist, wird alles, was Sie darin finden, auch in ferner Zukunft noch verwendbar sein …

In meiner „freien" Zeit habe ich immer gerne Tiere modelliert mit allem, was mir gerade zur Hand war: Draht, Aluminiumfolie, Verpackungsmaterial, Ton, Wachs oder auch Käserinde – einfach nur, um meine Finger zu beschäftigen! Einmal habe ich sogar Tiere für eine Galerie produziert. Dann bin ich wieder zu meinem Lieblingsthema zurückgekehrt, dem menschlichen Körper.

Als ich gebeten wurde, einen Kurs zum Thema Tier vorzubereiten, ist mir die Idee gekommen, eine praktische Anleitung zu diesem Thema zu schreiben. Nachdem ich meine Methode in der Praxis getestet, anhand gestellter Fragen verbessert und lange Zeit habe reifen lassen, kann es jetzt losgehen!

Da ich die meisten meiner eigenen Tierskulpturen verkauft hatte, bat ich meine Schüler, ihre vollendeten Werke für die Bebilderung dieses Bandes zur Verfügung zu stellen. Beachten Sie, dass es sich um die Werke von Hobbykünstlern und -künstlerinnen handelt und dass Sie es ihnen anhand der Ratschläge auf den folgenden Seiten gleichtun können. Das jedenfalls ist mein größter Wunsch und der Zweck dieses Buches.

Ich habe mich für ein schrittweises Vorgehen entschieden, spontan und ohne Retuschen. Dadurch bekommt man eine Vorstellung davon, was diese Methode ohne alle Schnörkel und Verzierungen leisten kann. Beispiele von fertigen Werken gibt es auf den Seiten dieses Buches zuhauf. Diese Bemerkung mahnt mich, daran zu erinnern, dass die Bücher dieser Reihe sich an ein Laienpublikum wenden und dass es um das Vergnügen gehen soll, eine Technik in all ihrer Einfachheit zu erlernen.

Ich wünsche Ihnen eine schöne Reise ins Reich der Tiere, voll schöner Entdeckungen, geleitet von Lust und Freude und der Faszination des Materials Ton!

Linke Seite:
Rhinozeros
(Chantal Générat-Beudez),
gebrannter und patinierter Ton.

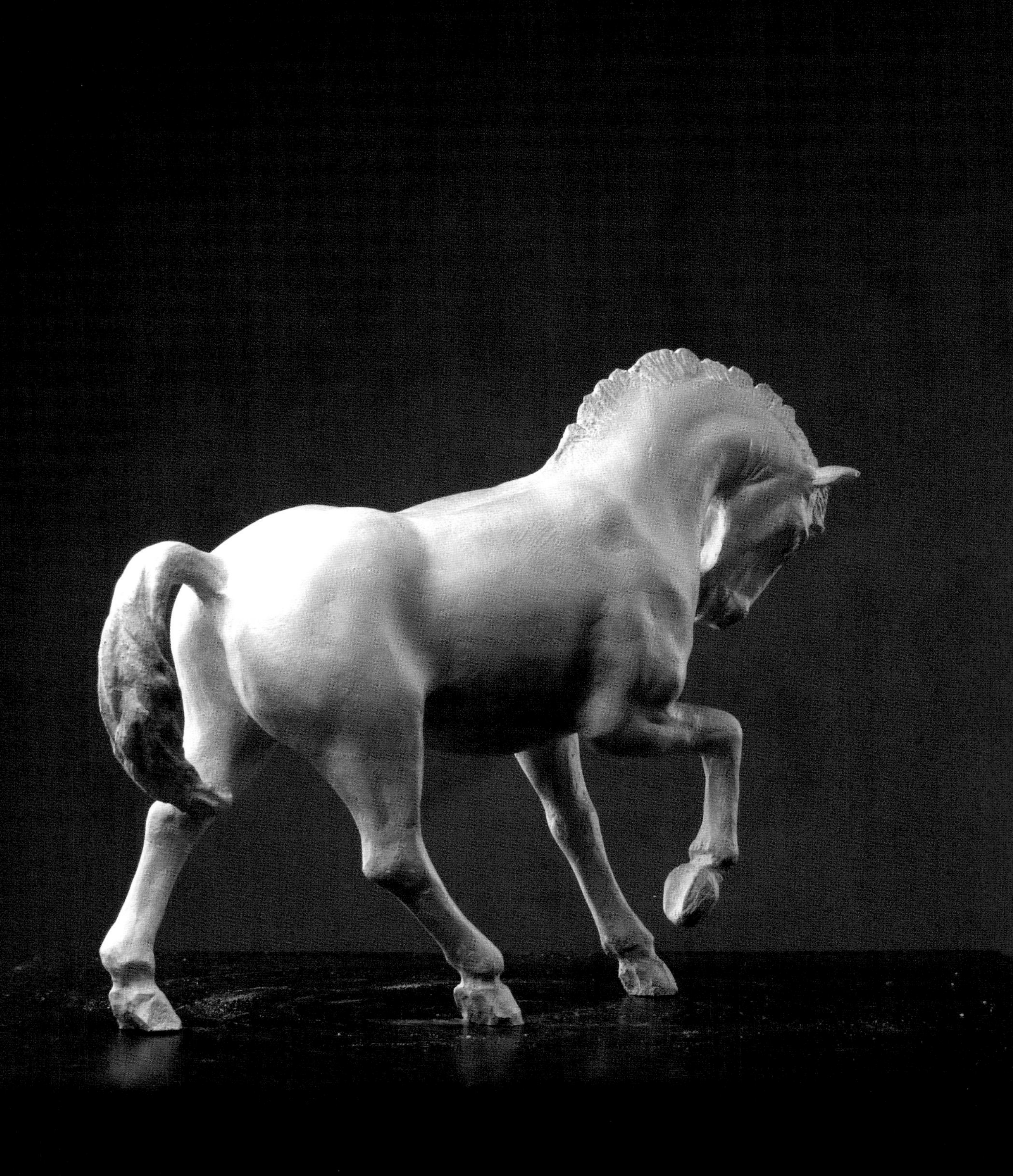

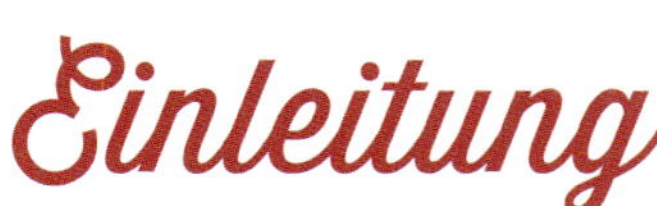

Einleitung

Tiere sind ein Thema mit vielen Facetten. Es gibt sie in einer großen Fülle von Formen, Farben und Spielarten. Die Vielfalt erscheint unendlich, denn jeden Tag entdecken Wissenschaftler und Abenteurer neue Arten. Die Fantasie von Mutter Natur ist so ergiebig, dass wir manche Tierarten in unserer Welt für absolut unwahrscheinlich halten. Und dennoch ...

Um der Mehrheit der Leser eine Orientierung bei der Suche nach einem präziseren Thema zu bieten, habe ich mich für die Tiere mit einem Knochengerüst entschieden – hier geht es also nicht um Insekten, auch nicht um nicht säugende Meerestiere, Weichtiere und andere Arten. Ich bin mir nämlich sicher, dass das durch das Studium des menschlichen Körpers erworbene Rüstzeug es leichter macht, den Aufbau von Wirbeltieren zu verstehen, da es auf allen Ebenen eine Vielzahl von Gemeinsamkeiten gibt. Ich mische mich auch nicht in den Streit über das Für und Wider der Theorie von Darwin ein, denn darum geht es nicht, sondern darum, meine Erläuterungen anhand des Vergleichs der Anatomien zu beginnen. Gemeinsam werden wir ein „allgemeines" Tier erkunden, um besser zu erkennen, welche Gemeinsamkeiten mit unserem eigenen Körper bestehen und welche Unterschiede.

Dann lernen wir, die Proportionen eines konkreten Tieres zu erfassen. Dabei werden Sie mit Vergnügen feststellen, dass etwas Beobachtung, Grundkenntnis und Technik eine schöne Mischung ergeben, mit der es gelingt, ohne große Schwierigkeiten ein Tier zu modellieren.

Noch etwas: Ich bin kein auf Tiere spezialisierter Wissenschaftler. Meine Ausführungen zum Thema sind rein künstlerischer Natur; daher werden Sie in diesem Buch keine tiefschürfenden Ausführungen finden. Mein erklärtes Ziel ist es, Ihnen wirksame und einfache Werkzeuge an die Hand zu geben, damit Sie Geschmack und Vergnügen am Modellieren gewinnen.
Alles andere findet sich in zahlreichen in Büchereien erhältlichen Werken.

In den folgenden Kapiteln wollen wir gemeinsam entdecken, wie man wunderschönen Tieren Leben einhauchen kann.

Linke Seite:
Pferd (Philippe Chazot), gebrannter und patinierter Ton.

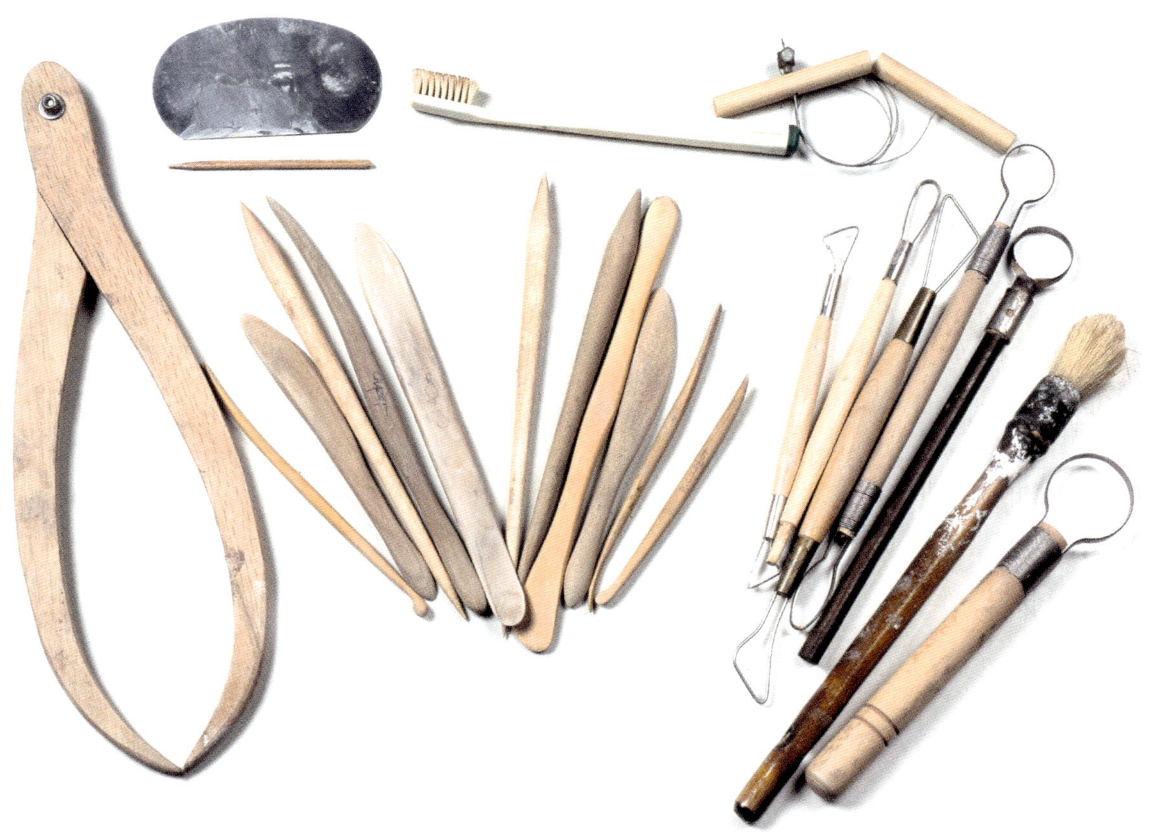

Auswahl von Werkzeugen.

Das Material

DIE WERKZEUGE

Modellierhölzer.

Tipps

Auch wenn es nicht sehr kostspielig ist, müssen Sie nicht gleich zum Händler eilen, um sich das ganze Werkzeugsortiment des kleinen Bildhauers zuzulegen. Die besten Modellierhölzer sind die, die man braucht! Und das ist keine Übertreibung. Viele Einkäufe enden in den Tiefen von Werkzeugkisten. Eine sorgfältige Auswahl hingegen hilft dabei, nur das zu erwerben, was auch notwendig ist.

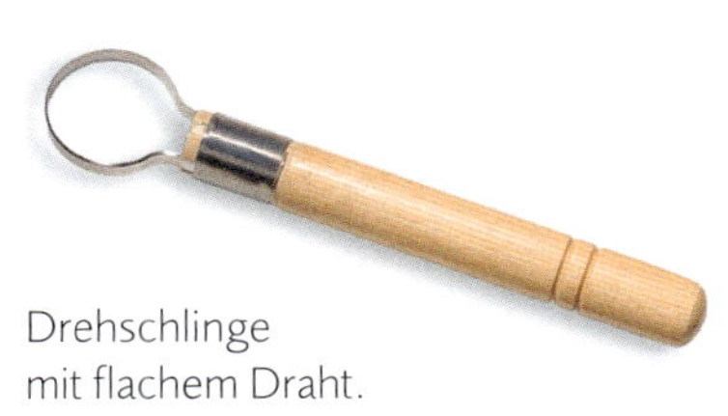

Drehschlinge
mit flachem Draht.

Legen Sie sich für den Anfang zwei oder drei der Werkzeuge zu, die ich Ihnen vorstelle. Was sie dann noch benötigen, können Sie von Ihrer Arbeitsweise abhängig machen. Dann wissen Sie, was Sie noch kaufen müssen, und vor allem, warum. Und dann nehmen Sie sich Zeit, damit sich Ihre Hand an das Werkzeug gewöhnen kann und das Werkzeug an Ihre Bewegungen. Ein Werkzeug ist in erster Linie ein persönliches Objekt, eine Verlängerung der Hand. Gehen Sie behutsam damit um.

Die wichtigsten Dinge

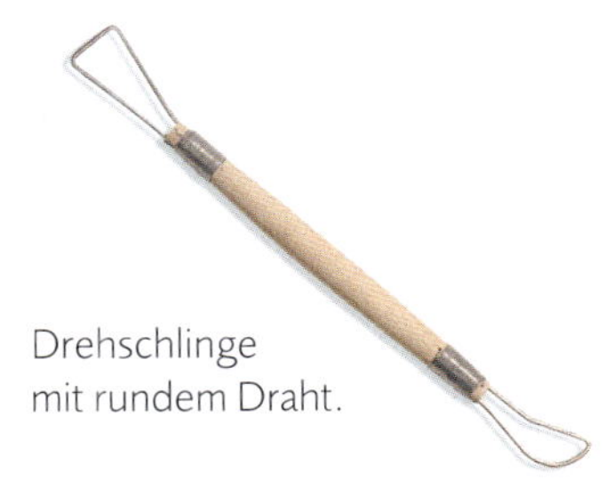

Drehschlinge
mit rundem Draht.

Das wichtigste – und nicht käuflich zu erwerbende – Werkzeug ist der Daumen (und natürlich die anderen Finger). Die erste Annäherung an eine Form soll nämlich aus einem engen Kontakt zwischen Künstler und Material entstehen. Dieser Ausgangspunkt stellt einen Einklang her, der Kreativität fördert. Eine Grundform lässt sich direkt mit den Fingern herstellen: Sie können drücken, ziehen, verdrehen, abflachen, löchern, kneifen, rollen, kratzen ... und können ganz ohne Hilfsmittel Werke schaffen. Aber es gibt natürlich Spezialwerkzeuge (siehe Fotos), die leicht im Handel erhältlich oder selbst herstellbar sind. Hier eine (unvollständige) Liste von Werkzeugen für das Modellieren von Ton:

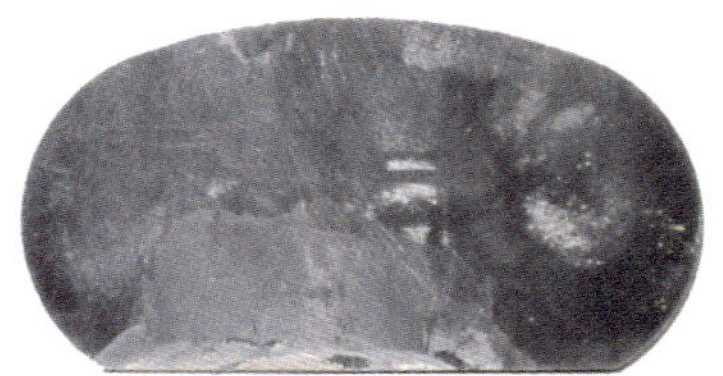

Metallschiene.

- Modellierhölzer, ganz aus Holz (am besten ist Buchsbaum), dienen dazu, Linien zu „ziehen" und Oberflächen zu vollenden. Sie ersetzen die Finger, wenn diese sich für Detailarbeiten als zu dick erweisen. Sie sind diejenigen, die wir am häufigsten verwenden werden.

- Drehschlingen mit rund gebogenem Draht erleichtern das Entfernen von Material.
- Schneidende Drehschlingen helfen beim Aushöhlen von Formen.
- Mit der Metallschiene werden die Oberflächen von Volumen angeglichen, wenn man eine Form entwirft. Es gibt sie auch aus Holz oder Gummi für Feinarbeiten.
- Der Schneidedraht ist wichtig beim Abschneiden von Tonbatzen. Nehmen Sie dafür nie ein Messer: Die flache, durch einen Saugeffekt gehaltene Klinge könnte sich plötzlich lösen und zu Verletzungen führen.
- Der Modellierbock ist meist aus Holz und höhenverstellbar. Dadurch ist ein Arbeiten im Stehen oder Sitzen gleichermaßen möglich. Man kann aber auch auf einem simplen Holzwürfel oder einem Tisch modellieren.
- Die Drehscheibe. Am praktischsten und preiswertesten ist das Modell aus Plastik mit Metallkugellager. Sie können sie mit einem feuchten Schwamm reinigen, aber gießen Sie kein Wasser darüber, sonst könnten die Kugellager rosten.
- Ein Hocker ist einem Stuhl vorzuziehen. Ihn verlässt man eher, um vom Objekt zurückzutreten.
- Eine Sprühflasche ermöglicht ein dosiertes Befeuchten des Objekts zwischen zwei Sitzungen.
- In einem Eimer mit dichtem Deckel bewahrt Ton sehr lange seinen idealen plastischen Zustand.
- Stofflappen (die aus T-Shirts eignen sich am besten) lassen sich einweichen, auswringen und dann dazu benutzen, die Feuchte eines begonnenen Objekts zu bewahren.
- Mit Beuteln aus dickem Plastik (Müllbeutel) werden die Stofflappen hermetisch abgedeckt, sodass die Feuchtigkeit noch besser bewahrt wird.

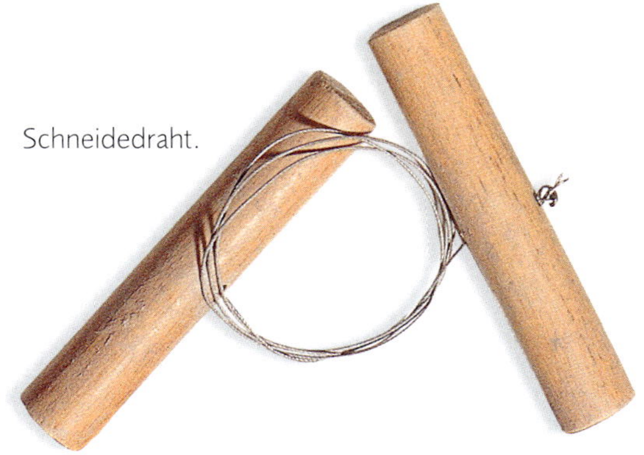

Schneidedraht.

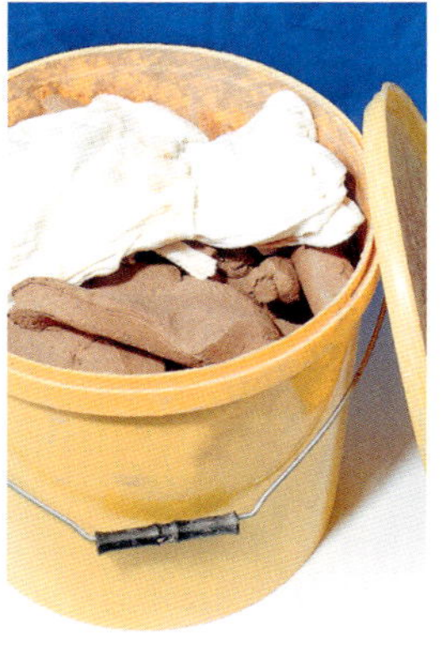

Eimer mit dicht schließendem Deckel.

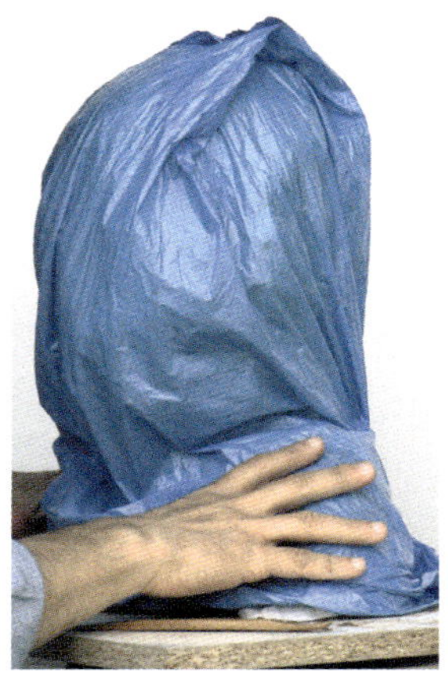

Plastikbeutel. Nicht vergessen, die Luft um das Objekt herum herauszudrücken.

- Die Tonwalze ist am besten aus Holz, damit der Ton beim Ausrollen von Platten, die als Grundlage für Flachreliefs dienen, nicht an ihr haftet.
- Der Bauchzirkel ist eine wertvolle Hilfe beim Ermitteln von Hilfspunkten oder bei der Überprüfung von Proportionen. Es gibt gerade oder gebogene Modelle.

Die Holzwerkzeuge werden mit Wasser gereinigt und bei Bedarf mit Leinöl gepflegt.

Zuletzt: Eine bequeme Haltung ermöglicht langes Arbeiten ohne große Ermüdung. Gehen Sie ganz nah an den Entwurf heran. Wenn Sie im Stehen modellieren, passen Sie die Höhe des Modellierbocks entsprechend an. Und wenn Sie lieber sitzen, platzieren Sie ihn zwischen den Knien. Dadurch vermeiden Sie Verrenkungen, denn die sind gar nicht gut für den Rücken. Unnötiges Leiden muss nicht sein. Schließlich geht es uns vor allem um eines: Vergnügen.

DIE WAHL DES TONS

Beim Modellieren richtet sich die Auswahl der Masse nach zwei Gesichtspunkten: Abformen oder Brennen.

Das Abformen

Hierbei kann das Werk aus einem anderen Material kopiert werden. Daher ist die Auswahl des Tons weniger entscheidend, denn er stellt nur ein Zwischenmaterial dar, sodass wir hierbei mit komplexen Stützen aus Gitter, Stoff oder Draht arbeiten können. Die technischen Probleme werden auf den nächsten Arbeitsschritt verlagert, das eigentliche Abformen. Darum soll es hier aber nicht gehen, denn es gibt bereits zahlreiche detaillierte Anleitungen zu dem Thema.

Der Brand

In diesem Fall ist der Ton das Endprodukt. Daher ist es wichtig, den Ton sorgfältig nach den erforderlichen Eigenschaften auszuwählen. Wir brauchen eine Masse mit einer guten Standfestigkeit, d. h. sie darf beim Aufbauen des Volumens nicht unter dem eigenen Gewicht zusammensacken. Wir bevorzugen eine schamottierte Masse (Steinzeug hat sehr gute Eigenschaften). Die Schamotte hat den gleichen Zweck wie der Kies in Beton: Sie erhöht die Festigkeit.

Ein weiterer Vorteil der Schamotte: Sie erleichtert die Wasserabgabe des Tons, ermöglicht also ein gründlicheres Trocknen, sodass sich größere Wandstärken brennen lassen als bei feinem Drehton ohne Schamotte. Zudem wird die Hitze gleichmäßiger verteilt und die Bruchgefahr im Brand wird verhindert bzw. zumindest verringert.

Was die plastischen Eigenschaften angeht, achten wir darauf, dass der Ton gut „anspricht". Er soll sich gut mit sich selbst verbinden und sollte sich nicht wie ein Laib Brot träge verhalten, wenn man darauf drückt. Die Konsistenz soll geschmeidig sein, aber nicht weich. Der Ton sollte sich gut mit sich selbst verbinden, aber nicht an den Fingern haften. Schließlich sollte die Masse so fest sein, dass beim Verdrehen keine Risse entstehen. Mit etwas Erfahrung erkennt man bald die ideale Konsistenz.

Im Handel ist Ton in Plastiktüten verpackt, damit er sich lange hält; wir verwenden luftdicht schließende Behälter (Eimer mit Deckeln), damit er nicht zu schnell trocknet und erhärtet. Und wenn der Ton dennoch härter wird, genügt es, ihn vor dem Schließen des Behälters mit einem feuchten Lappen zu umwickeln. Dann erlangt er je nach Bedarf innerhalb weniger Stunden bzw. Tage wieder die ursprüngliche Konsistenz.

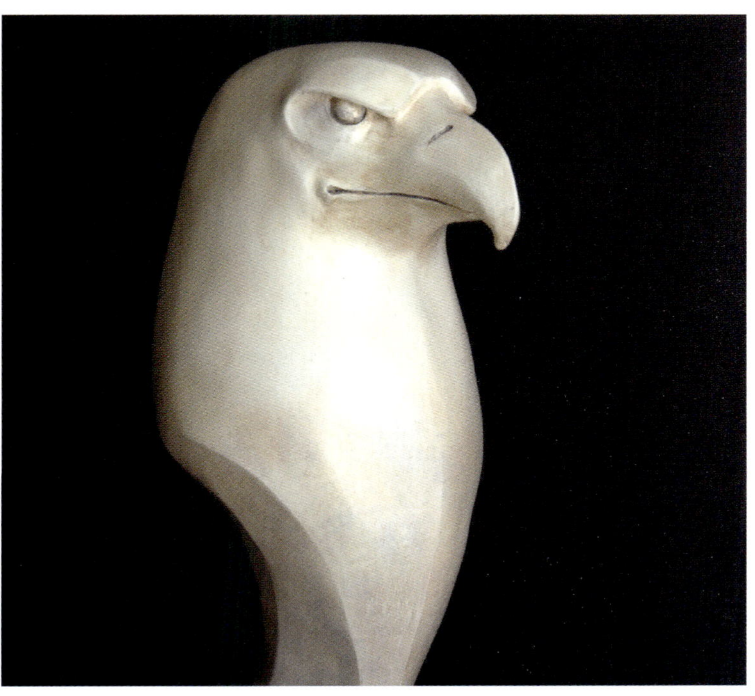

Kopf des Falken (KALIS – Lydia Kalischer), gebrannter und patinierter Ton.

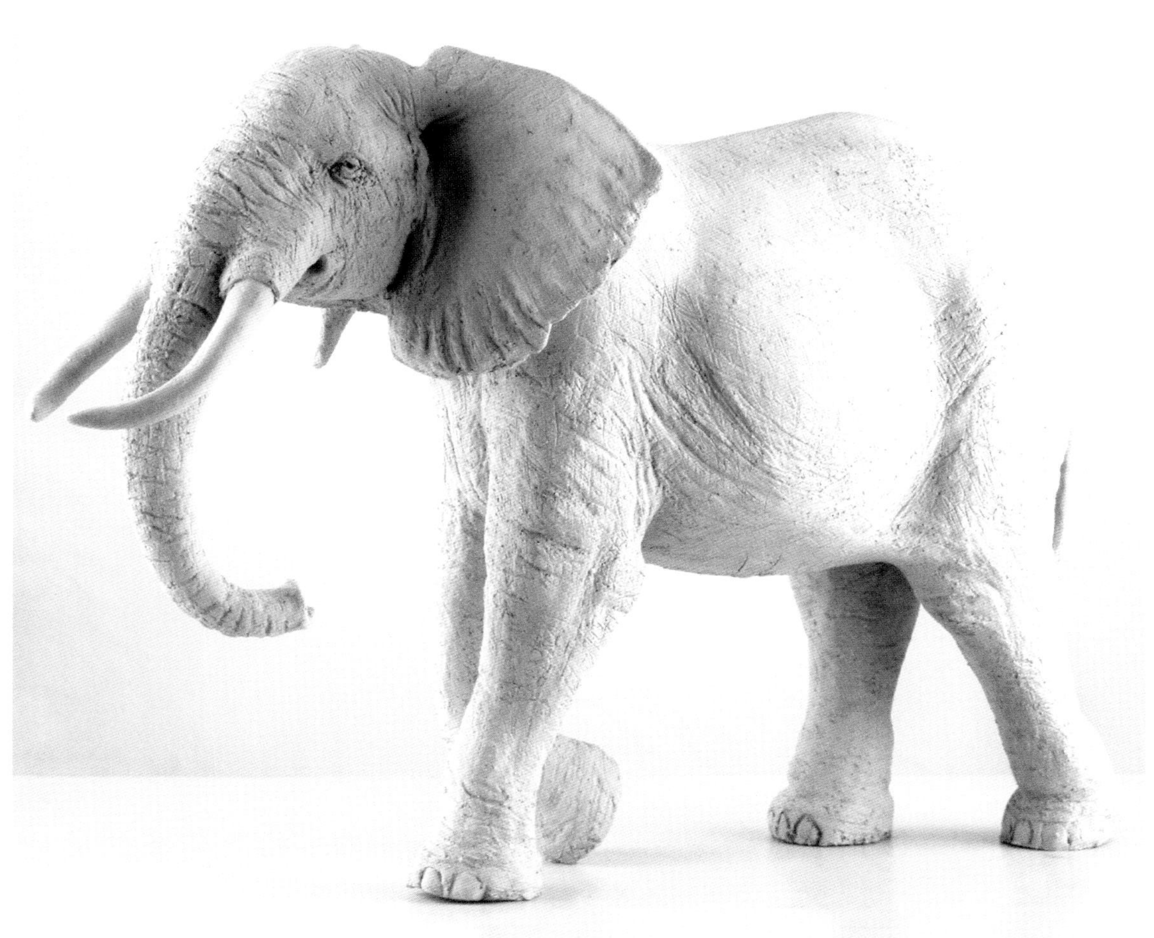

Elefant (Philippe Chazot), gebrannter Ton.

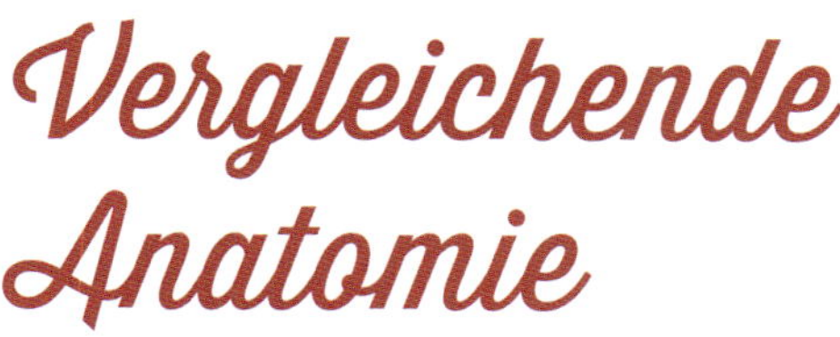

MENSCH/TIER

Das Skelett im Allgemeinen

Zunächst beschäftigen wir uns grob mit den Ähnlichkeiten bzw. Unterschieden zwischen dem menschlichen Körper und dem der Tiere. Wir gehören zur Gattung der Säugetiere. Wir haben vieles gemeinsam mit allen anderen Säugetieren dieser Gattung: aber, wie wir sehen werden, nicht nur mit ihnen ...

Die ersten Ähnlichkeiten finden sich auf dem Gebiet des Knochengerüstes. Alle Wirbeltiere sind nach demselben Muster aufgebaut, bis auf wenige Ausnahmen – ich denke dabei vor allem an die Schlangen, aber die sind auch keine Säugetiere. Alle haben eine Wirbelsäule, ein Becken, einen Brustkorb, einen Schädel mit einem gelenkigen Kiefer sowie vier Gliedmaßen, die alle auf die gleiche Weise mit Gelenken versehen sind. Was uns am stärksten unterscheidet, ist natürlich der aufrechte Gang. Der Mensch ist das einzige Lebewesen, das sich permanent auf zwei Beinen fortbewegt. Alle Tiere brauchen dazu vier. Auch wenn manche Primaten und Sohlengänger sich aufrichten können und Vögel auf zwei Beinen ruhen, ist das doch nicht ihre übliche Fortbewegungsart.

Ich möchte Ihnen nahelegen, sich einmal in den Körper Ihres Lieblingstiers hineinzuversetzen, ganz gleich welches, solange es über ein Skelett verfügt. Lassen Sie sich zu diesem Zweck einmal auf allen vieren nieder, ohne dass die Knie den Boden berühren. Es ist die Körperhaltung eines Sprinters vor dem Start – das ist später noch wichtig. Sie müssen aber nicht wirklich die Haltung einnehmen, es genügt vollauf, sie sich gedanklich vorzustellen. Die nebenstehende Zeichnung verdeutlicht die Haltung. Letztere sollten Sie sich gut einprägen und verinnerlichen, dann können Sie mit Leichtigkeit einen Tierkörper konstruieren.

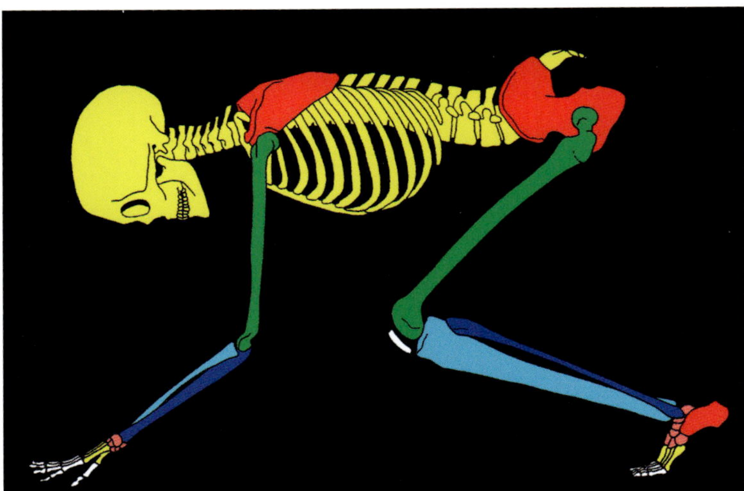

Skelett des Menschen auf vier Beinen.

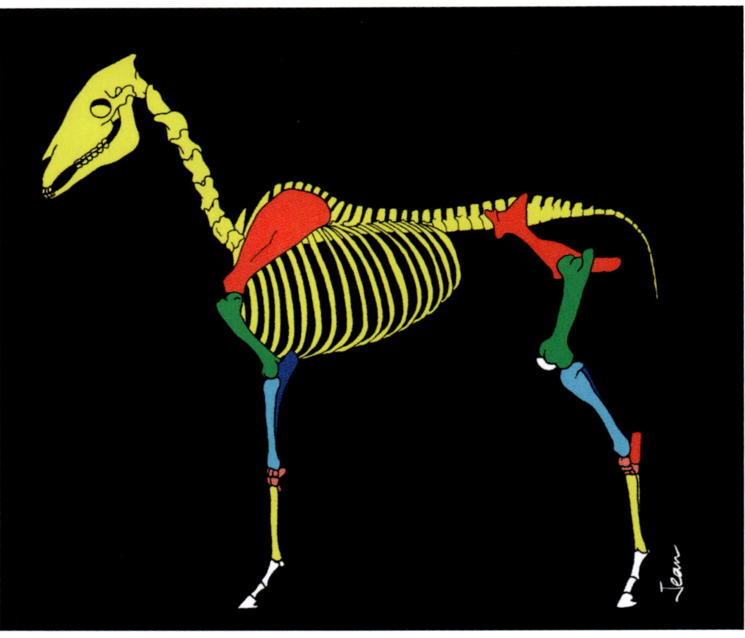

Skelett des Pferdes. Farben helfen bei der Zuordnung und dem Vergleich jeden Elements des Skeletts.

Vergleichen wir nun das Skelett des Menschen (Zweibeiner) mit dem des Pferdes (Vierbeiner). Wenn man Mensch und Pferd in derselben Größe und auf vier Beinen darstellt, fällt auf, dass der Mensch im Vergleich zum Pferd:

- über das größere Becken verfügt (es trägt das Gewicht des Körpers),
- das kleinere Schulterblatt hat,
- die größeren Hinterbeinknochen,
- die beweglicheren Vorderarme,
- die Wirbelsäule mit dem Schädel verbunden ist und
- der Schwanz sich zurückgebildet hat.

Der Mensch hat sich an die Zweibeinigkeit und den aufrechten Gang angepasst. Er geht auf zwei Füßen, daher sind seine Hinterbeine stärker ausgeprägt.

Betrachten Sie nun das Pferd. Eine Reihe von Gemeinsamkeiten springt sofort ins Auge.

Die Funktionen der Knochen und die Lage der Gelenke sind so gut wie identisch. Unterschiede finden sich überwiegend in der Größe der Knochen. Es fällt auf, dass der menschliche Oberschenkel proportional länger ist als der des Tieres.

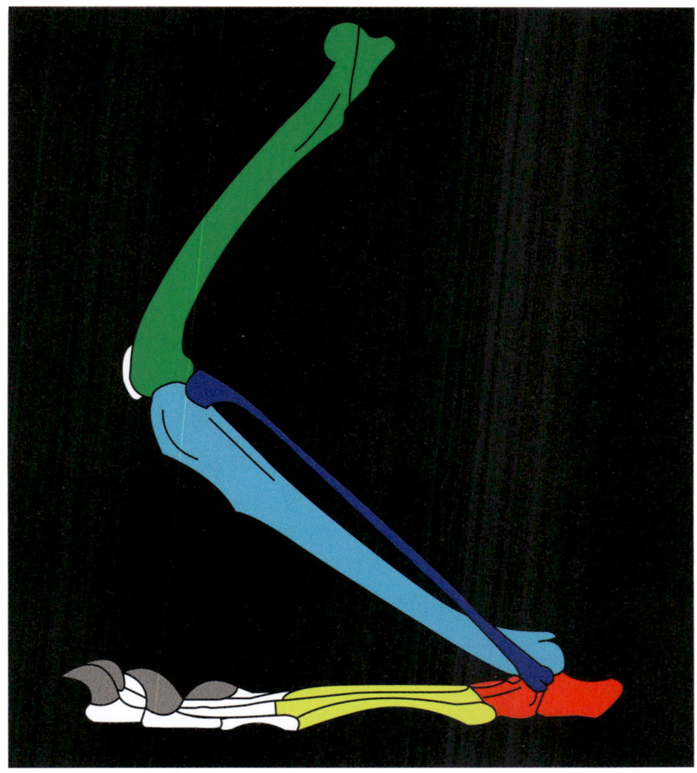

Hinterbein eines Sohlengängers (Bär).

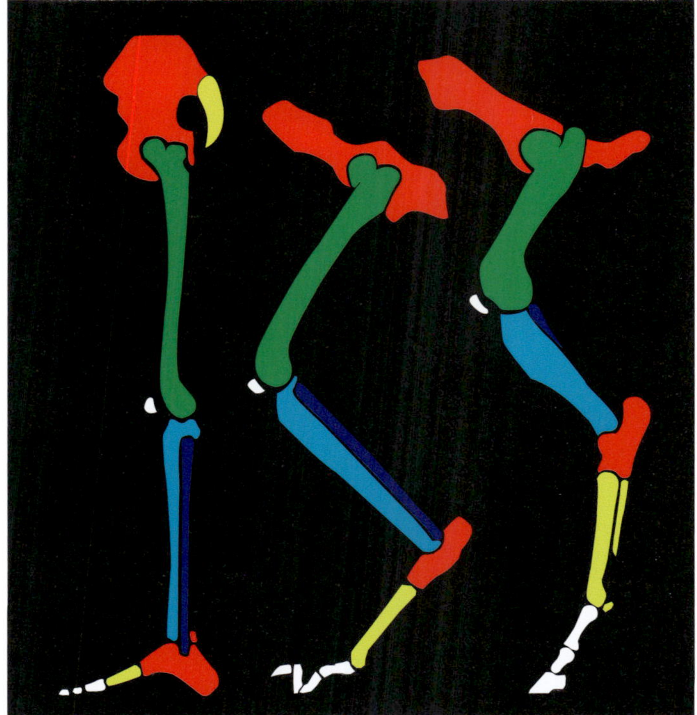

Morphologische Gemeinsamkeiten und Unterschiede der Hinterbeine (Mensch, Zehengänger, Zehenspitzengänger).

Die Wirbelsäule

Beim Menschen und bestimmten Primaten endet sie als Steißbein unter dem Kreuzbein und steht nicht vom Körper ab. Beim Tier hingegen setzt sie sich über mehr oder weniger zahlreiche Wirbel fort und bildet den Schwanz.

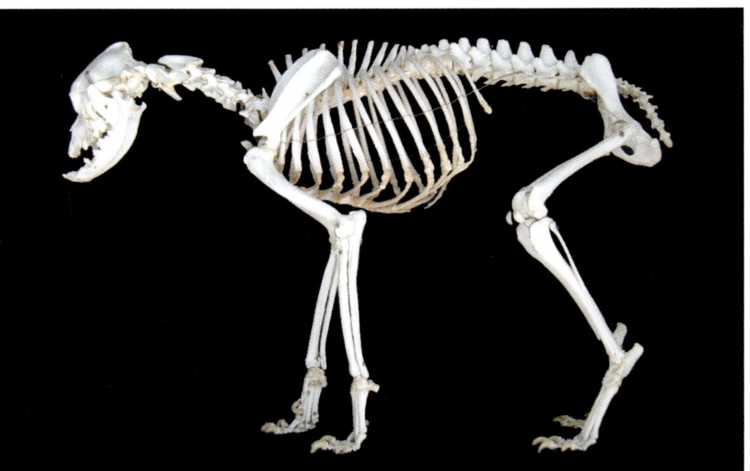

Skelett eines Hundes (Foto von Jean Duperrex).
Man sieht, dass das Hinterhauptloch am hinteren Kopfende liegt.

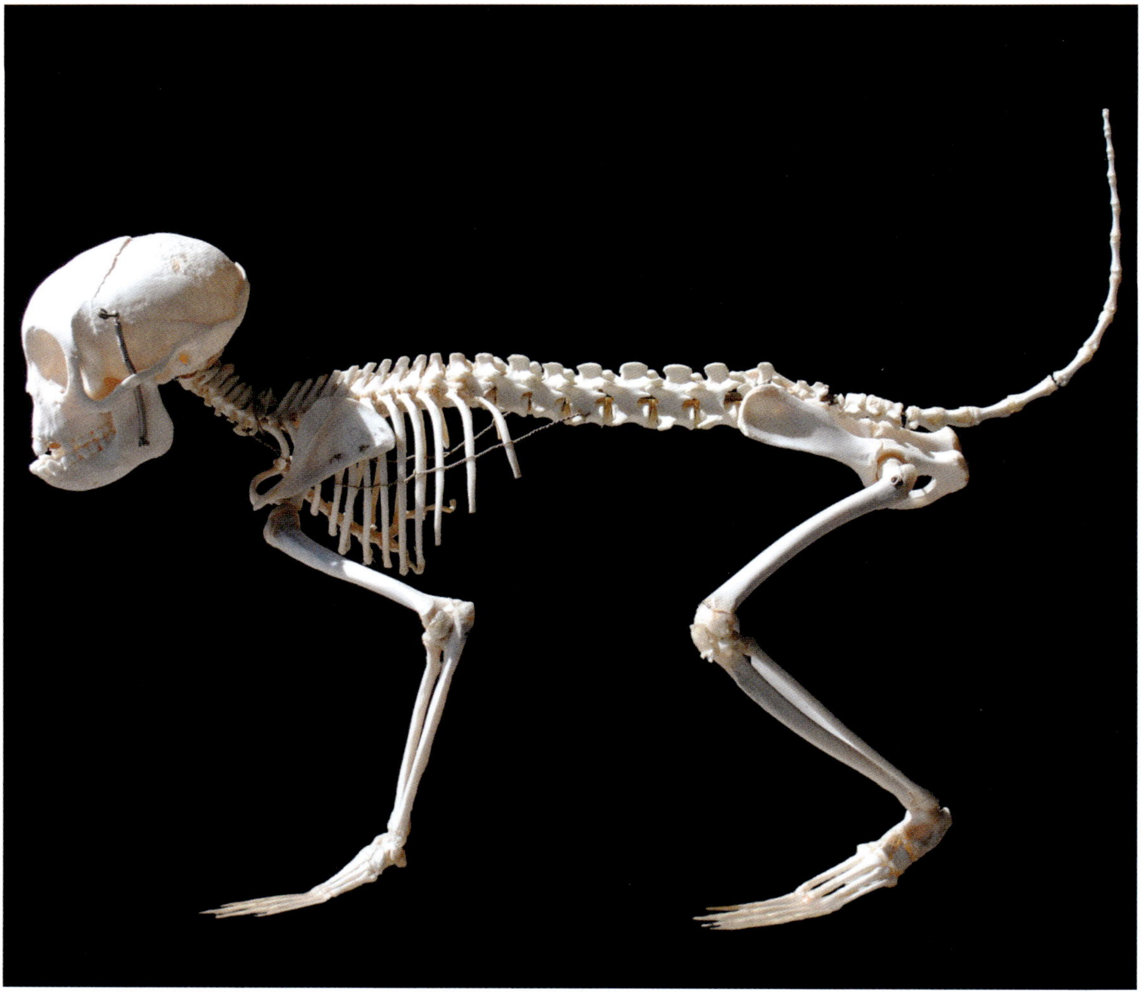

Skelett eines Affen im Profil (Foto von Jean Duperrex).

Der Schädel

Abgesehen von dem Fassungsvermögen des Schädels, der beim Menschen ein großes Gehirn umschließt, weist der Schädel zwei Hauptunterschiede auf:

- das menschliche Gesicht ist so gut wie flach, während die meisten Tiere über eine längliche Schnauze verfügen.
- das Hinterhauptloch: Dieser zweite Punkt ist sehr wichtig, um nicht zu sagen entscheidend.

Durch dieses Loch im Schädel verläuft das von der Wirbelsäule gestützte und geschützte Rückenmark. Durch den aufrechten Stand liegt es beim Menschen unten am Schädel, wohingegen es bei den meisten Tieren weiter hinten liegt, als sei der Kopf daran aufgehängt. Dies erklärt zu einem großen Teil die grundlegend unterschiedlichen Nackenformen. Bei den Vierfüßern ist er sehr unauffällig und geht in das Volumen des Halses und die schmale Schädeldecke über, beim Menschen ist er deutlich ausgeprägt. Bei ihren Ausgrabungen können Paläontologen anhand dieses Details (und natürlich auch anhand anderer) sehr schnell bestimmen, ob es sich bei ihrem Fund um einen Hominiden handelt oder nicht.

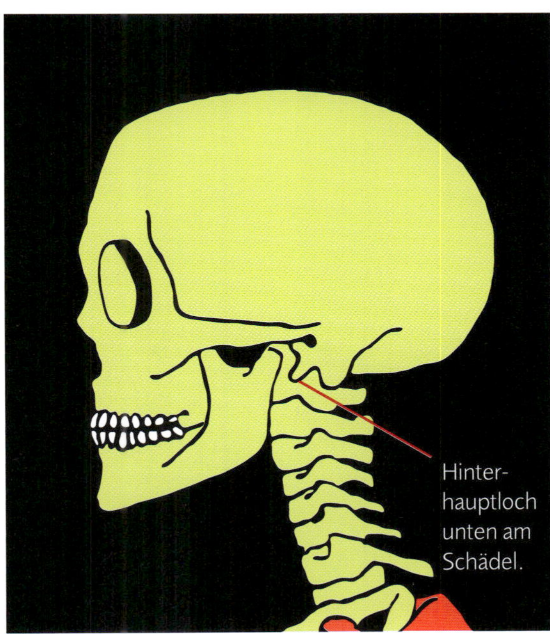

Schädel des Menschen.

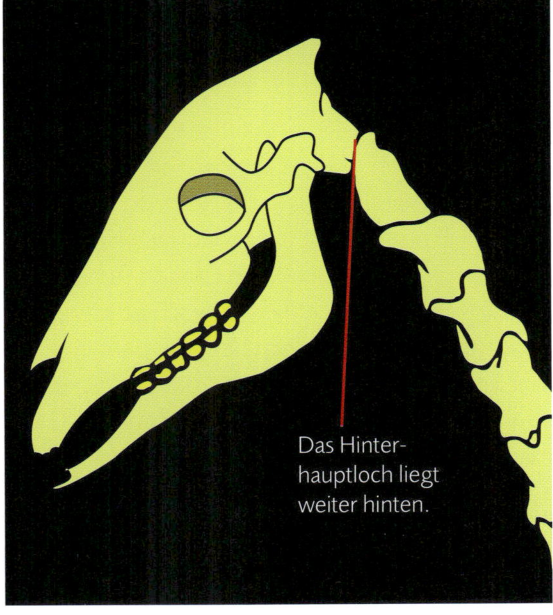

Schädel eines Pferdes.

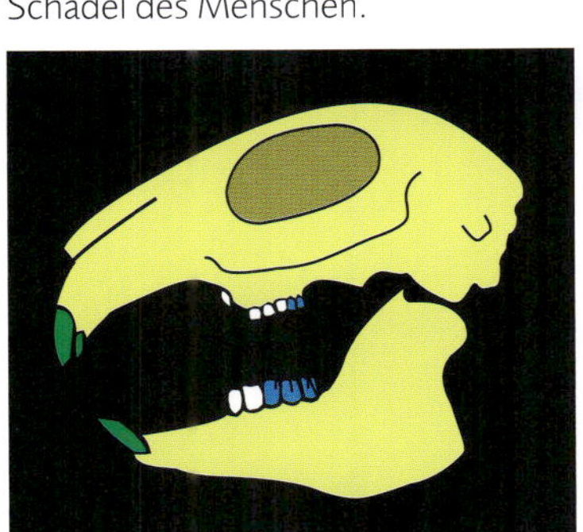

Hasenschädel.

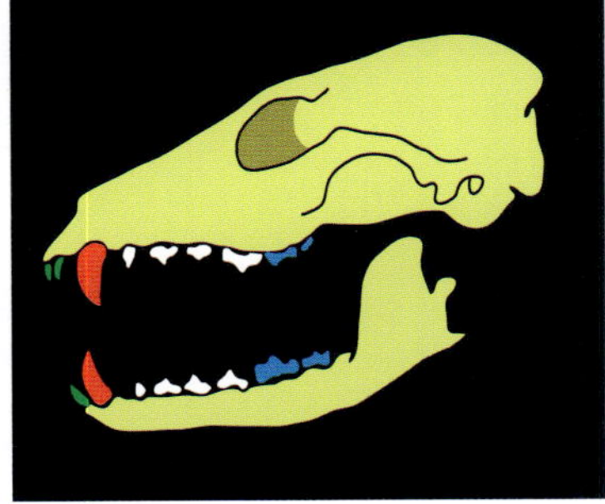

Hundeschädel.

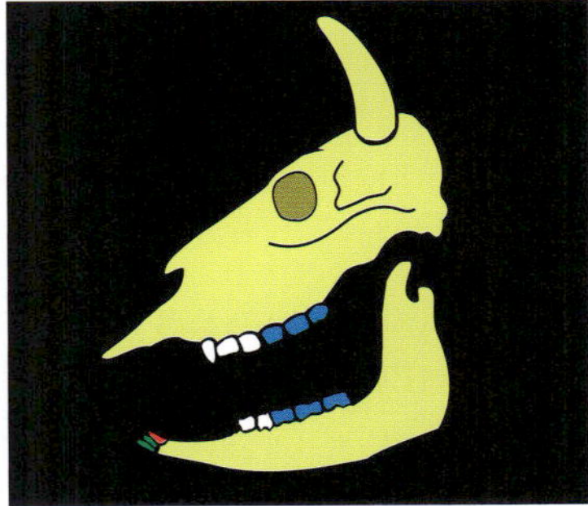

Kuhschädel.

TIER/TIER

Einteilung

Teilen wir unsere Tiere in Kategorien ein:

- diejenigen, die sich auf ihren Füßen fortbewegen, die Sohlengänger: Bären, Pandas, Ratten, Igel ...
- diejenigen, die sich auf ihren Zehen fortbewegen, die Zehengänger: Katzen, Kaninchen, Vögel ...
- diejenigen, die sich auf ihren Nägeln fortbewegen, die Zehenspitzengänger: Rinder, Ziegen, Hirsche, Pferde ...
- die Flugtiere: Vögel, Fledermäuse ...
- die Reptilien und Amphibien: Krokodile, Frösche, Chamäleons, Echsen ...
- die Meerestiere: Wale, Delfine, Robben ...

Achten wir noch einmal auf ihre Gemeinsamkeiten. Letztlich ist das Grundschema immer das gleiche mit Variationen in den Proportionen und Formen. Eine Maus ist aufgebaut wie ein Vogel oder ein Elefant, aber ja! Die Gemeinsamkeiten erlauben es uns, auch die Unterschiede zwischen Tierarten besser auszumachen, die dem einen Tier Leichtigkeit verleihen und das andere tapsig wirken lassen ... Was es zum Jäger oder zur Beute macht.

Ob sich ein Tier auf den Nägeln, den Zehen oder den Füßen fortbewegt, hat einen Einfluss auf seine Silhouette. Es ist wichtig zu wissen, wo genau sich Knie und Ferse sowie Ellbogen und Handgelenk befinden. Es fällt auf, dass die Gelenke bei aufrechten Tieren mehr oder weniger sichtbar sind und dass sie nicht immer leicht einzuordnen sind, besonders wenn sie, wie bei den Bären, von einem dicken Fell verdeckt sind.

Eine Grundkenntnis der Anatomie, besonders der des Skeletts, macht es uns erheblich einfacher. Die mentale Vorstellung des Knochengerüsts ermöglicht es uns, Dinge unverzagt zu modellieren, die zunächst schwierig erscheinen mögen.

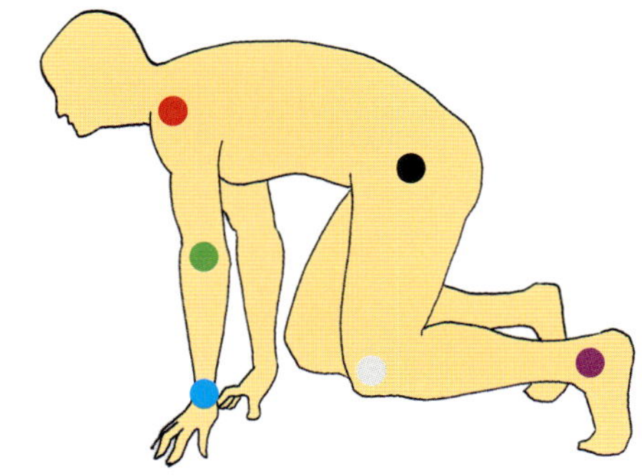

Die Gelenke beim Menschen.

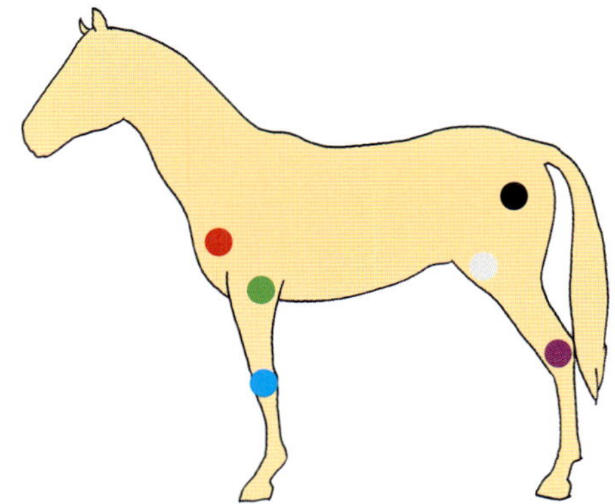

Die Gelenke bei den Zehenspitzengängern.

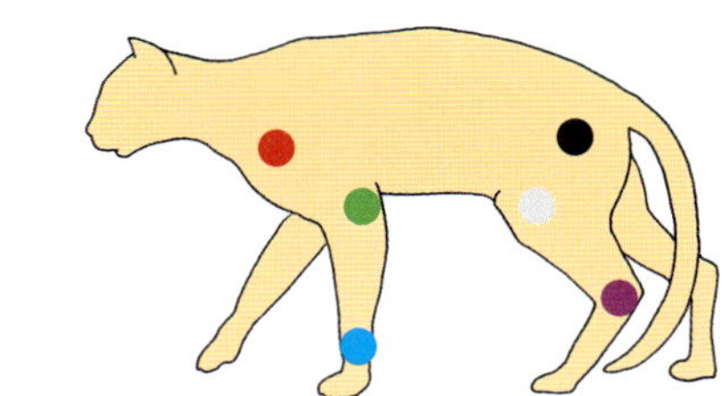

Die Gelenke bei den Zehengängern.

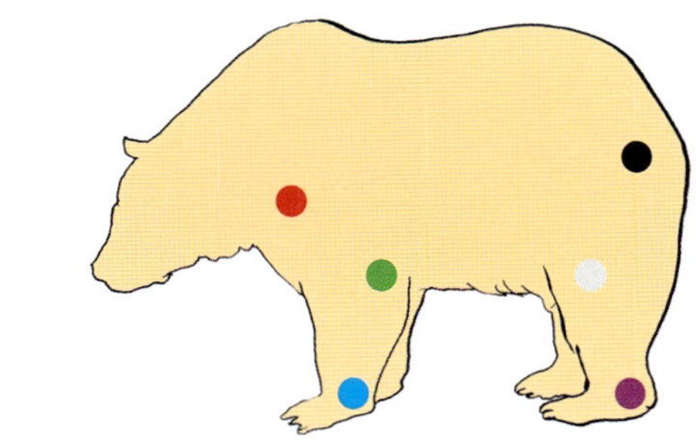

Die Gelenke bei den Sohlengängern.

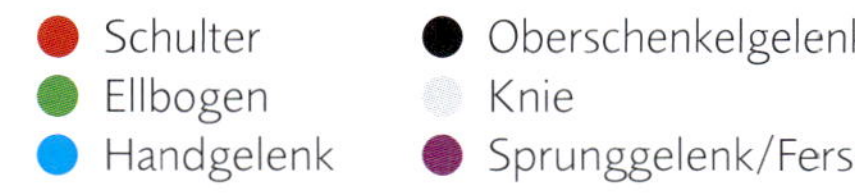

Die Vögel

Kurioserweise sind auch die Vögel nach dem gleichen Knochenmodell gebaut. Und die Ähnlichkeiten mit dem Menschen, die auf den ersten Blick wenig auffällig sind, werden bei der Betrachtung des Skeletts deutlich. Es ist besonders interessant, das Skelett des Flügels zu untersuchen und festzustellen, wie sehr es an einen Arm und Unterarm mit einer sehr langen Hand erinnert.

Auch hier hilft uns ein einfaches Schema dabei, einen falschen Aufbau zu vermeiden. Ich habe schon so einige falsch herum angesetzte Flügel von Amateuren gesehen, die anscheinend ihr Leben lang noch nie einen Adler oder einen simplen Hahn gesehen hatten!

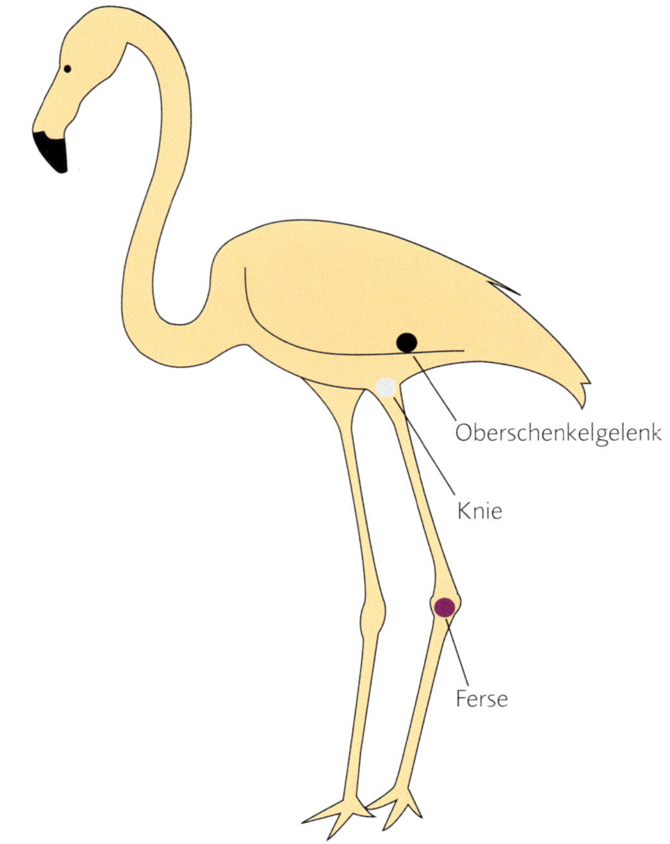

Nein, bei Vögeln sind die Gelenke nicht anders herum gebeugt! Das Gelenk, das beim Flamingo so auffällt, ist einfach ... die Ferse. Und die ist richtig herum gebeugt. Das Knie sitzt höher und wird von Federn und den Flügeln verdeckt.

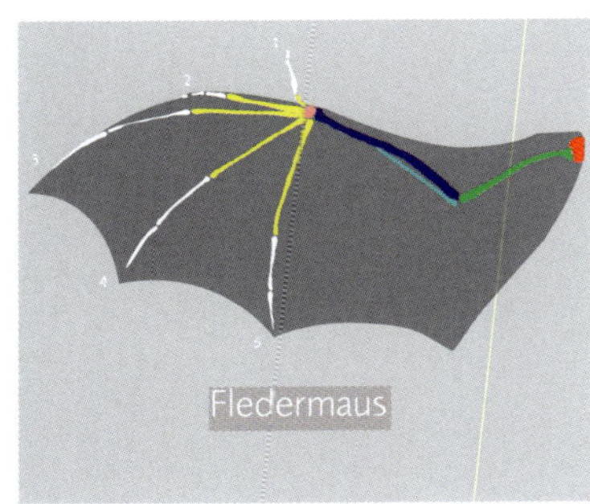

Bei der Fledermaus besteht der Flügel aus Arm und Unterarm, mit einer enormen „Hand", die die Tragfläche hält.

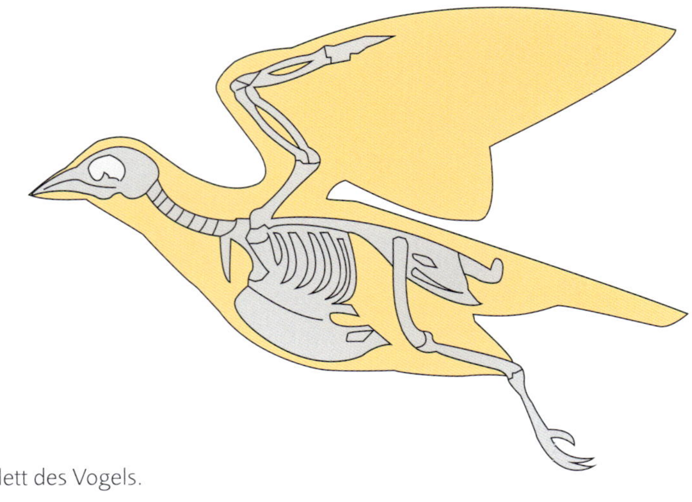

Skelett des Vogels.

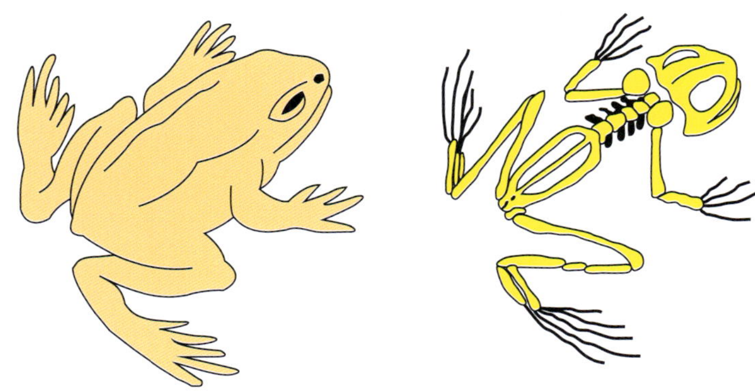

Außenansicht und Skelett einer Kröte.

Reptilien und Amphibien

Auch sie erinnern in ihrem Aufbau an die schon gezeigten Darstellungen. Manchen ist die Verwandtschaft mit den Dinosauriern deutlich anzusehen. Eine einfache Beobachtung genügt, um festzustellen, wie sehr der innere Aufbau bei allen übereinstimmt.

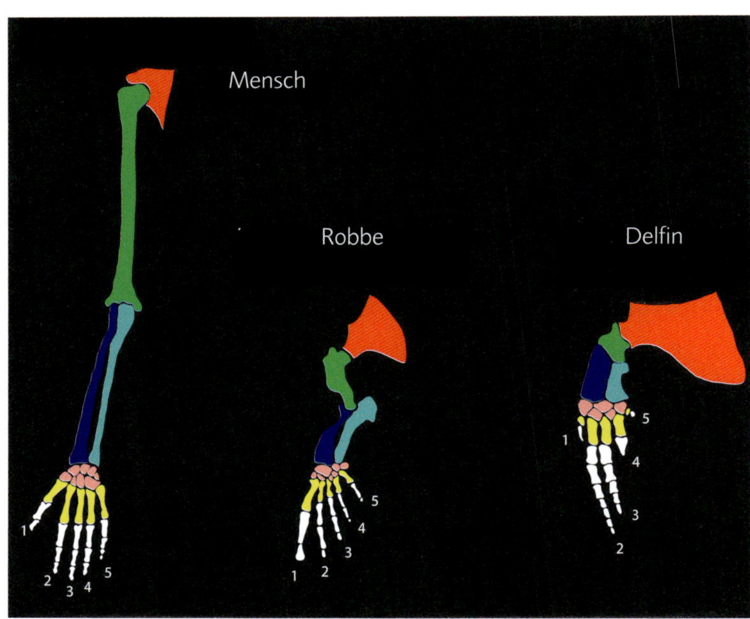

Die Robbe bewegt sich zu Land und im Wasser fort: Ihre „Pfote" ist ein Zwischending zwischen Mensch und Delfin. Der Delfin bewegt sich im Wasser fort; seine Pfote ist zu einem Paddel/einer Flosse geworden.

Die Meeressäuger

Auch sie sind (Sie wissen es längst, und ich wiederhole mich gerne) nach demselben Muster aufgebaut. Ob es sich um einen Wal handelt, einen Delfin, eine Robbe oder einen See-Elefanten, sie alle unterscheiden sich von den anderen Bewohnern der Meere und Ozeane – unter anderem – durch ihr inneres Gerüst.

Ich kann Ihnen nur wärmstens empfehlen, einmal ein naturgeschichtliches Museum zu besuchen. Es winkt ein schöner Spaziergang, reich an Entdeckungen und Erkenntnissen. Dort können Sie aus eigener Anschauung alles überprüfen, was ich bis jetzt behauptet habe und sehen, wie sehr die Seitenflossen eines Wals an Hände erinnern.

Die Fische lassen wir hier außen vor, denn ihr Skelett unterscheidet sich, auch wenn es einige Ähnlichkeiten mit den anderen Tieren mit innerem Gerüst aufweist, in vielen Punkten doch stark von ihnen.

Wenn das Thema Sie interessiert: Erst beobachten und dokumentieren, dann handeln!

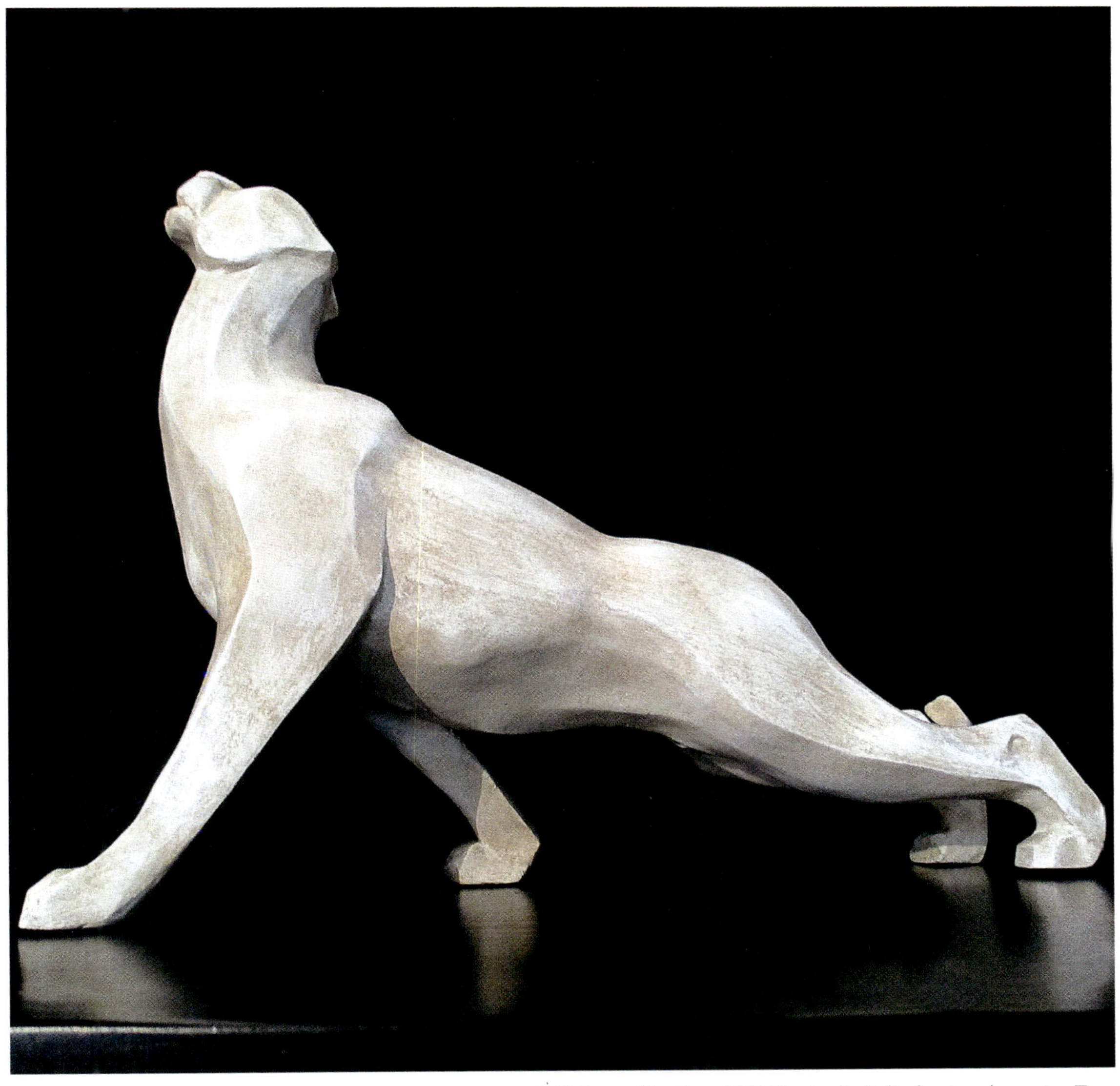

Stilisierter Panther (KALIS – Lydia Kalischer), gebrannter Ton.

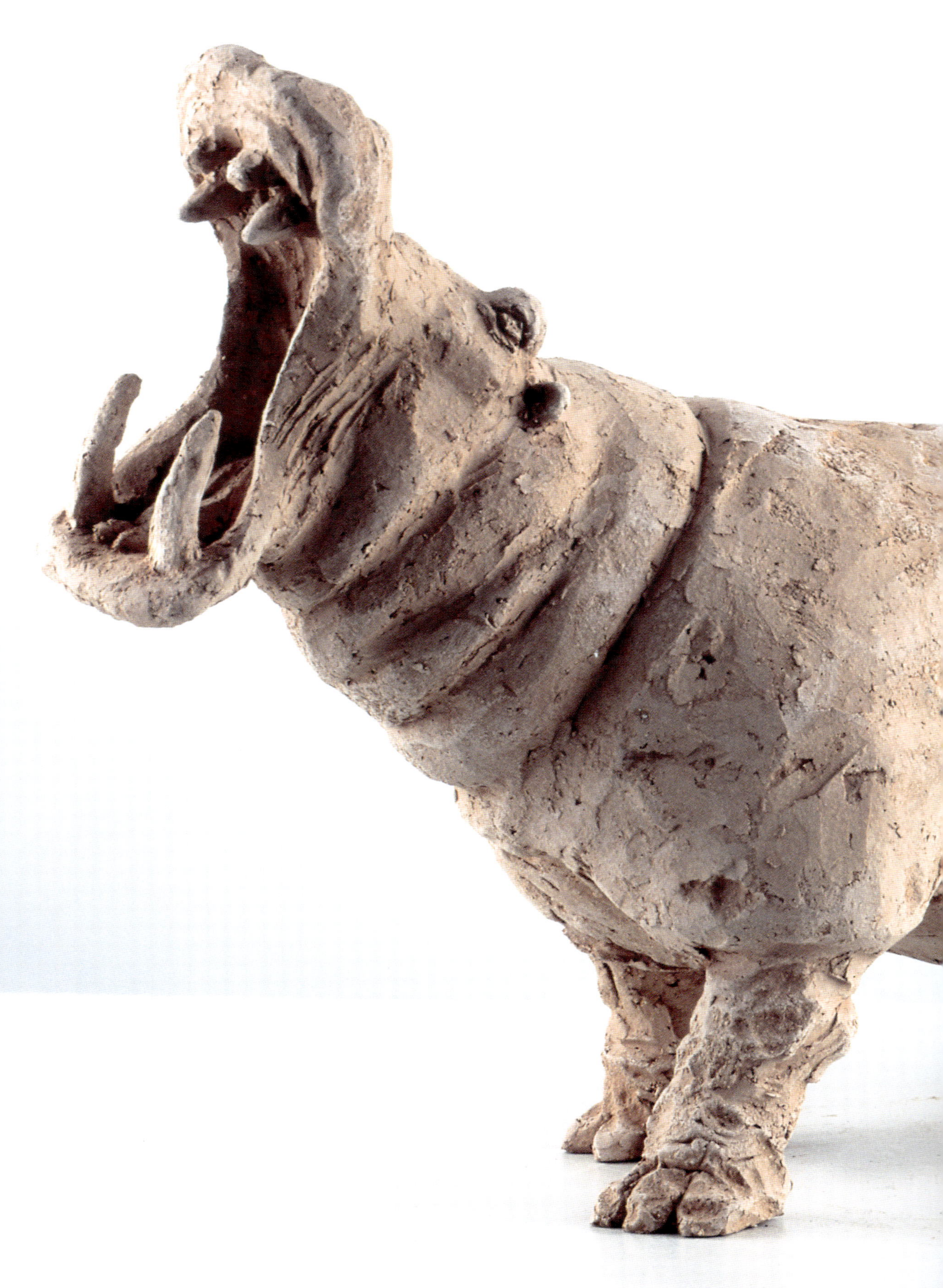

Das „allgemeine“ Tier

Jetzt ist alles vorbereitet und wir können uns dem technischen Teil widmen. Ich empfehle, vorsichtig mit dem zu beginnen, was ich das „allgemeine" Tier nenne, auch wenn es stark an ein Pferd erinnert. Es ist in gewisser Weise „universell", d. h. der Aufbau funktioniert für jede Tierart, für die Sie sich interessieren und entscheiden.

Es wäre etwas viel verlangt, wenn ich hier für jede Tierart der Schöpfung auf ein paar Seiten eine detaillierte Anleitung liefern sollte. Dennoch will ich versuchen, Ihnen die Methode zu erläutern.

1. SCHRITT: DAS FUNDAMENT

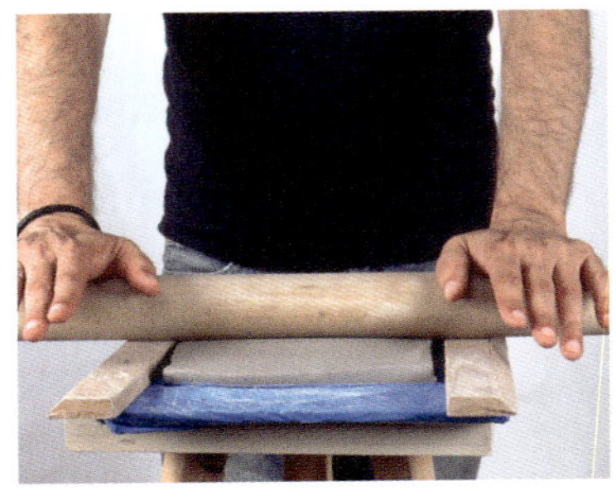

Ausrollen einer Platte für die Herstellung eines Sockels. Aber der ist nicht zwingend notwendig. Nicht die Plastikfolie vergessen!

Der Sockel

Den Sockel bildet eine Tonplatte, auf der das Objekt präsentiert wird. Sie dient als dekoratives Element und schützt die empfindlichen Teile einer Skulptur. Uns interessiert zunächst nur der Schutzaspekt.

Zuerst bedecken wir eine Tonplatte mit Plastikfolie. Ideal sind die Trennfolien aus dem Bürobedarf, aber wir können sie auch aus Müllsäcken zuschneiden. Diese Vorsichtsmaßnahme verhindert die spätere Rissbildung beim Trocknen und Schwinden. Die Plastikfolie zerknittert beim Schwinden und absorbiert die Spannungen.

Danach entscheiden wir uns für die ungefähre Dicke, die uns vorschwebt. Die Platte kann sehr flach und mit der Tonwalze ausgerollt sein oder auch bedeckt mit Höhen und Tiefen aus Tonkugeln, die einen natürlicheren, zufälligen Untergrund darstellen.

Wie dem auch sei, der Untergrund muss schön flach und homogen sein, damit keine Risse provoziert werden. Ich empfehle, den Ton durch Schlagen auf die Platte gut zu vermischen und zu verkneten. Der Sockel ist nicht zwingend notwendig.
Sie entscheiden, ob er sein muss oder ob Sie zugunsten einer größeren Leichtigkeit auf ihn verzichten.

Linke Seite:
Nilpferd (Georgette Lougasi), gebrannter Ton.

Die Stütze

Viele Vierbeiner haben lange und dünne Beine. Weil Ton weich und schwer ist, ist er ohne Stütze nicht stabil. Und weil wir unsere Arbeiten brennen wollen, schließen wir ein inneres Stützgerüst von vornherein aus. Die Lösung: eine Stütze. Ich habe sie auf den Sockel garniert, aber ich hätte sie ebenso gut direkt auf die Platte aus beschichtetem Holz kleben können.

Sie hat die Form einer nach unten hin leicht abgesackten Säule, und die Oberseite weist eine Vertiefung auf, die als Aufnahme für den Brustkorb unseres Tiers dienen wird.

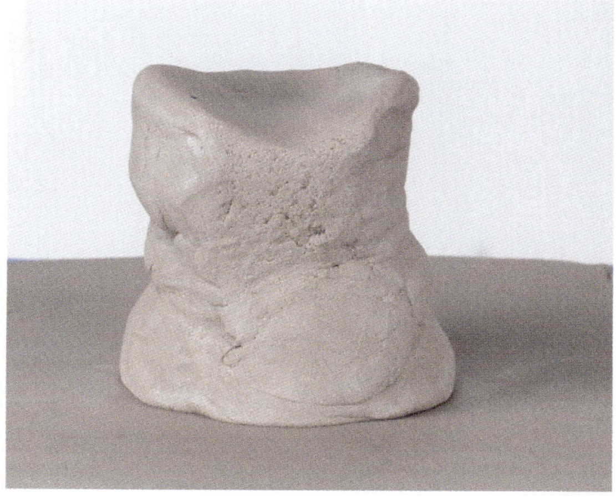

Die Stütze wird in die Mitte des Sockels gesetzt. Oben weist sie eine leichte Vertiefung auf.

2. SCHRITT: DER RUMPF

Beschreibung

Hier sehen wir, wie wir unser Objekt dazu bringen, auf vier Füßen zu stehen. Der Rumpf des Tieres ist der voluminöseste Teil seines Körpers. Das Foto auf der rechten Seite zeigt die vereinfachte Grundform, die wir als erstes formen müssen.

Es fällt auf, dass Brustkorb und Bauch zwei unterschiedliche Volumen sind, auch wenn sie aus einem Stück geformt sind. Der Brustkorb macht den Großteil des Volumens unter dem Tier aus, während der Bauch die Linie zur Taille hin etwas anhebt. Der tiefer liegende Lendenbereich erinnert oft an die Wölbung des menschlichen Rückens. Merken wir uns, dass der Lendenbereich nicht immer ausgeprägt ist – bei einem Windhund etwa bildet der Rücken einen Bogen, während er bei einer Kuh eher gerade und horizontal verläuft – es ist immer ratsam, sich gute Fotos oder Zeichnungen zu beschaffen, bevor man mit einer Skulptur beginnt, ganz gleich, um was es geht.

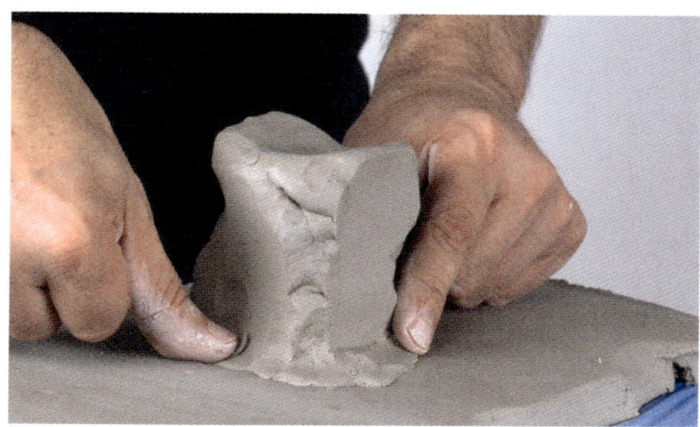

Die Stütze wird auf den Sockel garniert, um ihr mehr Stabilität zu verleihen.

Aufbau

Bestimmt erinnern Sie sich an die Kartoffelform, die wir seinerzeit für das Modellieren der menschlichen Büste verwendet haben (siehe meine bisherigen Werke über den Aufbau des menschlichen Körpers) und an ihre Ausrichtung: die Vorderseite uns zugewandt und breiter als das Profil. Beim Tier gehen wir ebenso vor. Mit dem kleinen Unterschied, dass diese vereinfachte, den Körperkern darstellende Form waagerecht auf der Stütze aufliegt und dass wir hinten große und vorne kleinere Einbuchtungen anbringen, die später die Oberschenkel bzw. Schultern aufnehmen sollen. Bitte beachten Sie auch, dass wir den Hals noch nicht angelegt haben ...

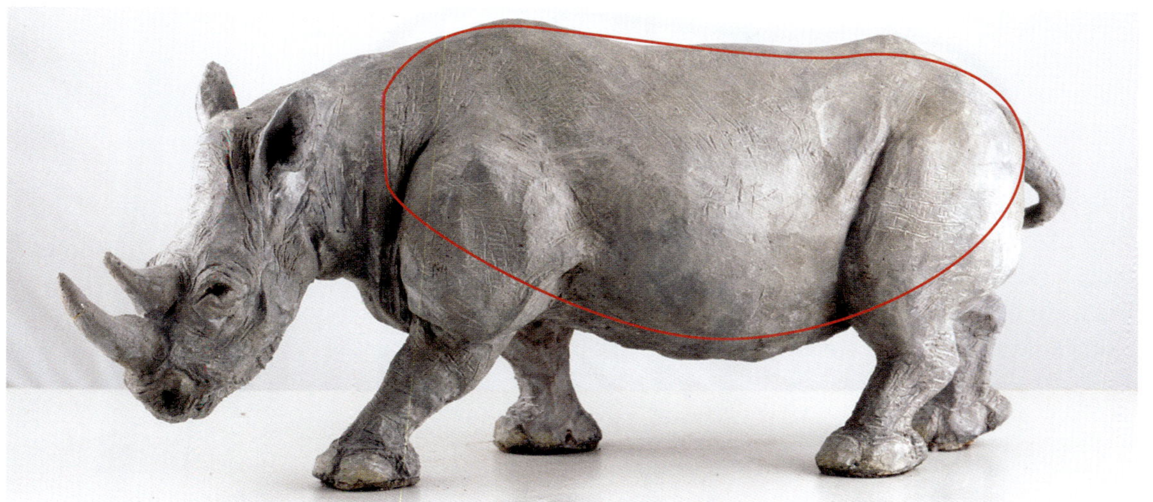

Rhinozeros (Chantal Générat-Beudez), gebrannter und patinierter Ton. Der zu modellierende Bereich ist eingekreist.

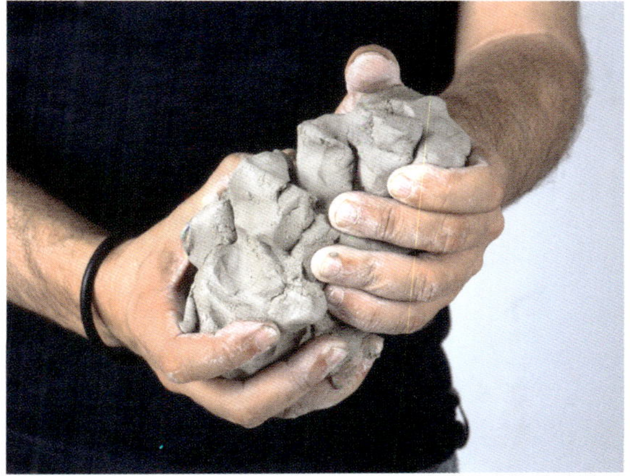

1 • Anfertigen einer Rohform für die Darstellung des Körpers.

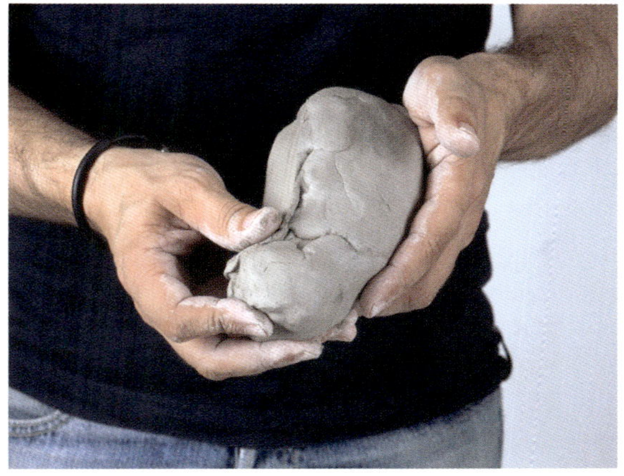

2 • Homogenisieren des Tons, wobei keine Luft eingeschlossen werden darf.

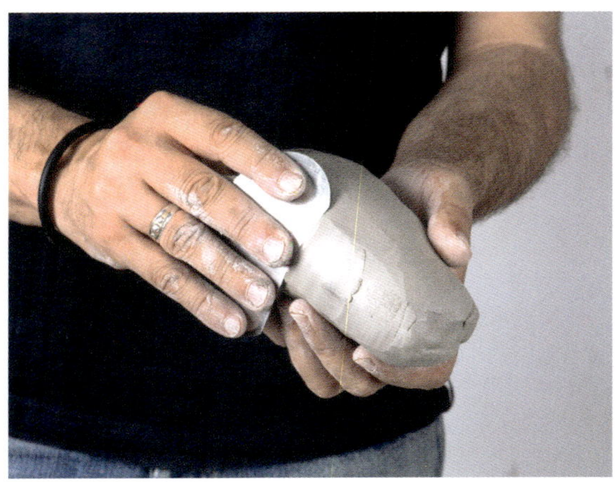

3 • Mit der Schiene lassen sich die Oberflächen glätten, um ein Gleichgewicht der Massen zu erreichen.

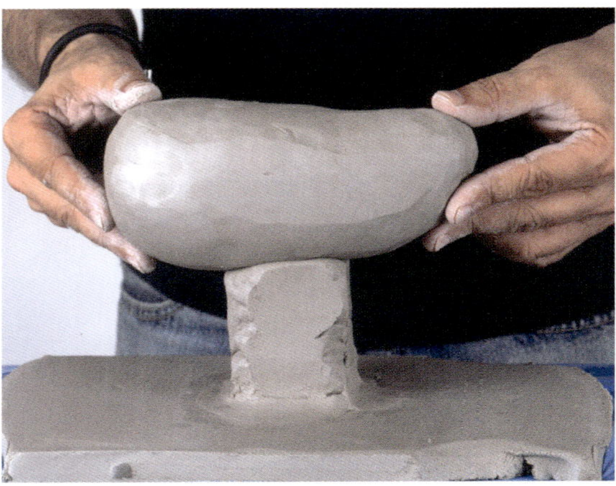

4 • Aufsetzen auf die Stütze.

Eine kurze Beurteilung des Volumens zeigt uns, ob die Höhe der Stütze angemessen ist oder nicht. Dann nehmen wir nötigenfalls Korrekturen vor. Mir ist aufgefallen, dass die Stütze meistens abgesenkt werden muss, wenn das Tier nicht übertrieben hoch ausfallen soll. Die Frage stellt sich bei Hasen oder Mäusen übrigens nicht!

Durch sanften Druck mit den Fingern entsteht eine leichte Vertiefung in der Oberseite des Körpers. Mit der Metallschiene können wir die Oberflächen glätten und die Symmetrie besser beurteilen, und schon haben wir eine große Karottenform in der Hand. Diese Vertiefung entspricht den Lenden und ist je nach ausgewähltem Objekt mehr oder weniger ausgeprägt.

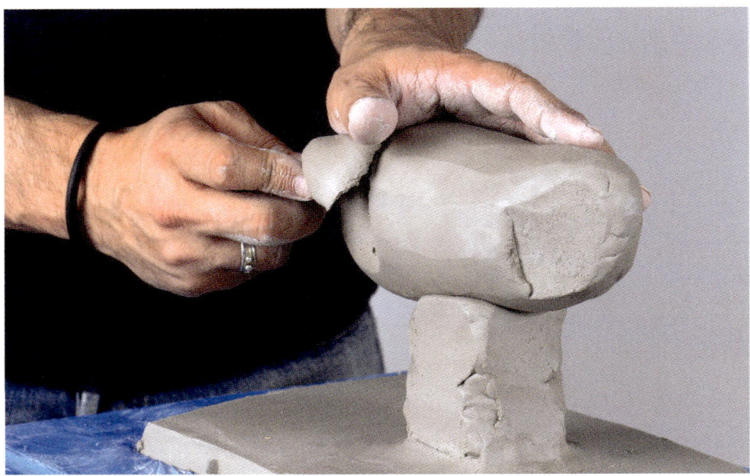

5 • Dort, wo später die Beine angesetzt werden, wird Material entfernt.

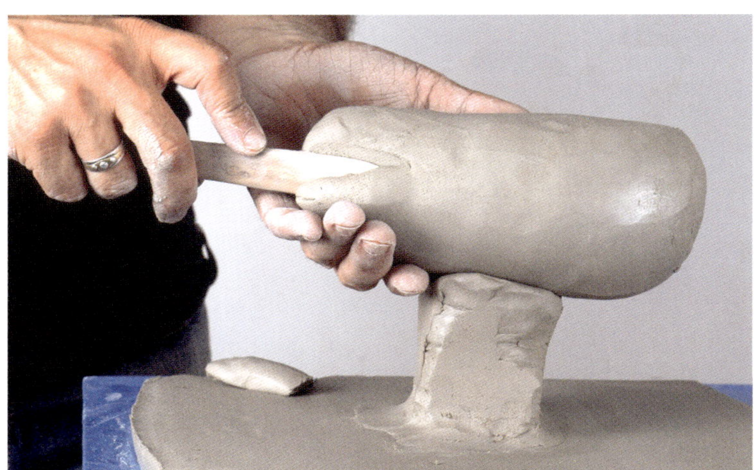

6 • Hinten wird durch das Entfernen von Material eine beträchtliche Aussparung geschaffen.

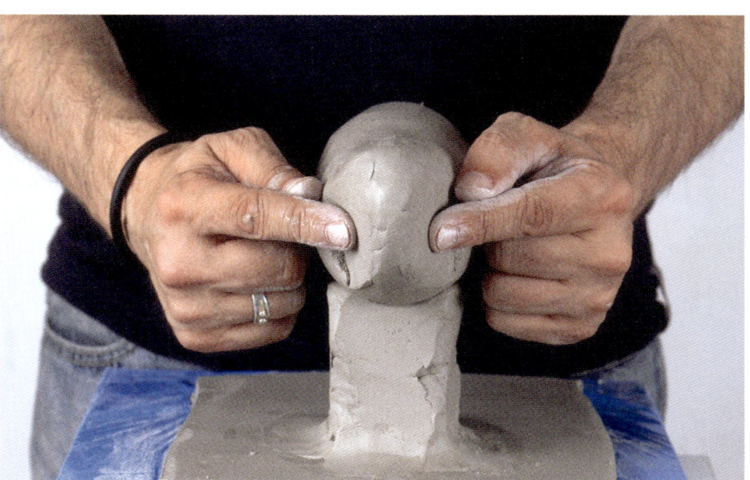

7 • Vertiefte Ansatzstelle für die Oberschenkel.

3. SCHRITT: DIE HINTERBEINE

Beschreibung

Schauen wir genau auf die Skizzen. Wenn wir die Hinterbeine vergleichen, stellen wir fest:

- der Mensch ist ein Sohlengänger: Er geht auf der Fußsohle, die Ferse berührt den Boden.
- der Hund ist ein Zehengänger: Er geht auf den Zehen.
- das Pferd ist ein Zehenspitzengänger: Es geht auf den Zehnägeln (Hufen).

Bei den gut an das Laufen angepassten Tieren fällt auf:

- eine Erhöhung der Fußspitze,
- eine Verringerung der Zehenanzahl,
- eine verringerte Beweglichkeit der Gelenke,
- eine Neigung zum Verschmelzen der Knochen (Schienbein/Wadenbein).

Anmerkung: Beim Laufen benutzt der Mensch die Zehen, er wird zum Zehengänger, seine Ferse berührt nicht mehr den Boden.

Wir sprachen von den Gemeinsamkeiten Mensch/Tier. Diese Abbildungen machen die Ähnlichkeiten deutlich.

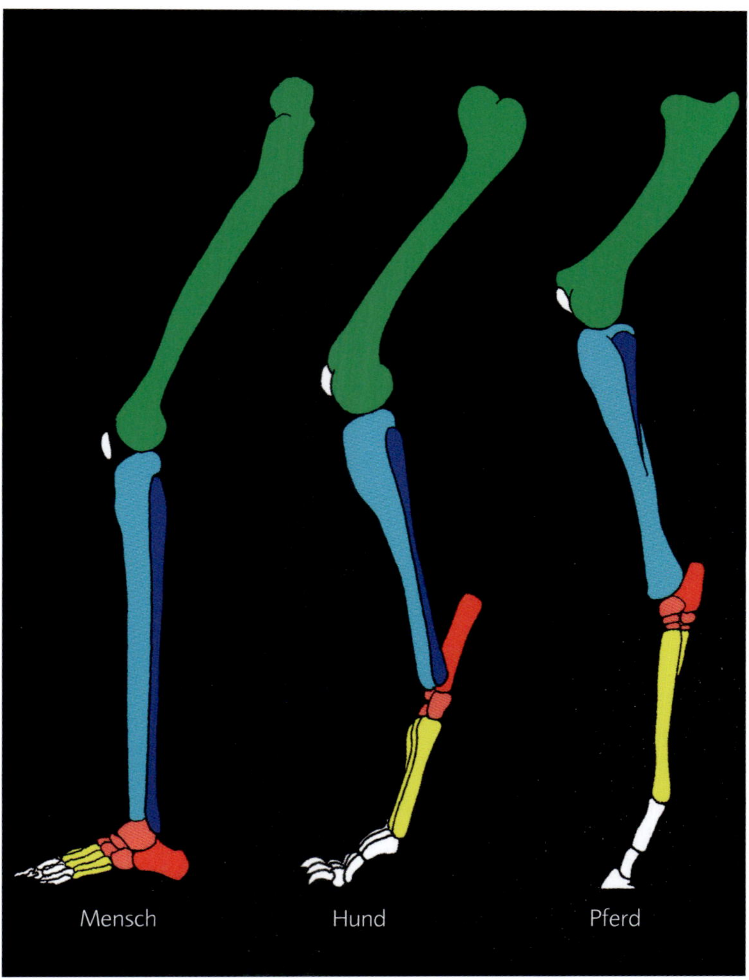

Hintergliedmaßen des Menschen, des Hundes und des Pferdes.

Der aufrechte Gang hat allerdings einen auffälligen Unterschied im oberen Bereich des menschlichen Oberschenkels bewirkt: Die Gesäßmuskeln, die der Motorik dienen, spielen auch beim Körpergleichgewicht eine Rolle und sind verkürzt, sodass sie zu einer typischen Silhouette führen.

Bei den Tieren gehen diese Muskeln in die Oberschenkelmuskeln über und lassen bei einigen Gattungen das Sitzbein erkennen. Es ist interessant zu sehen, dass der „Fuß“ des Tieres länger und dünner wird und so lang, dass der Körper dadurch angehoben wird.

Konstruktion

Wir beginnen auch hier mit einer Karottenform. Und dieses Bauteil wird, wie wir es schon gelernt haben, geknickt. Dabei müssen wir die Proportionen jedes einzelnen Elements berücksichtigen, also zunächst seine Länge und dann seine Dicke. Danach beugen wir erst das Knie und die Ferse, dann die Zehen. Bei den meisten Tieren ist der Oberschenkel sehr kurz, der Fuß hingegen eher lang. Ein weiterer Unterschied besteht darin, dass das obere Ende des zukünftigen Oberschenkels abgeflacht wird, bevor er in die Vertiefungen garniert wird, die wir schon vorbereitet haben.

Jetzt legen wir für alle Pfoten bzw. Füße die Position fest, sodass der Eindruck von Bewegung entsteht. Unter Druck auf die Flanken heften wir die oberen Enden der Oberschenkel an den Körper. Ebenfalls durch die Ausübung von Druck verbinden wir das Ende des Beines mit dem Sockel. Es kann passieren, dass das Ende des Beins dabei versinkt. Dann reicht es, etwas Material zuzufügen, um das Volumen wieder herzustellen.

Jetzt haben wir schon eine Vorstellung vom Ergebnis, und dabei haben wir gerade erst begonnen! Der Entwurf ist noch etwas grob, aber das Wesentliche ist schon vorhanden. Das Vollenden der Volumen kostet noch etwas Zeit und Arbeit, dann können Details hinzugefügt werden.

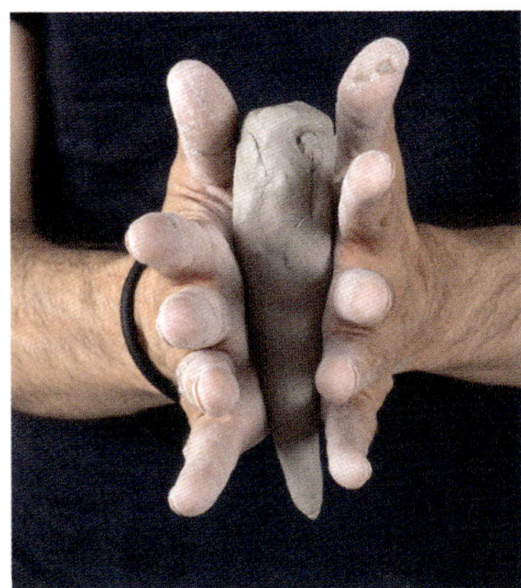

1 • Formen einer Karotte, deren Länge und Masse von dem gewählten Modell abhängen.

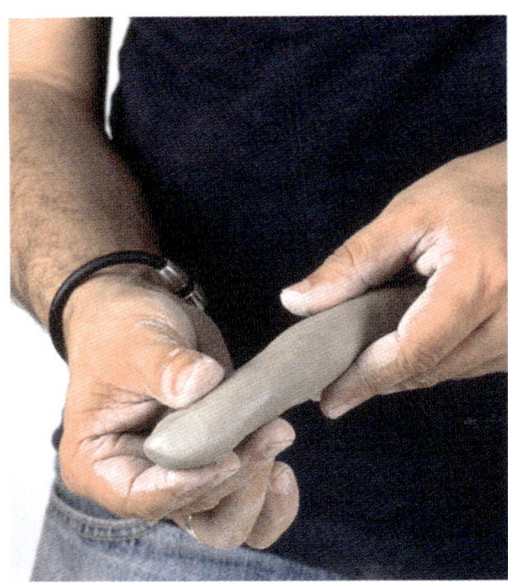

2 • Abflachen des oberen Oberschenkels.

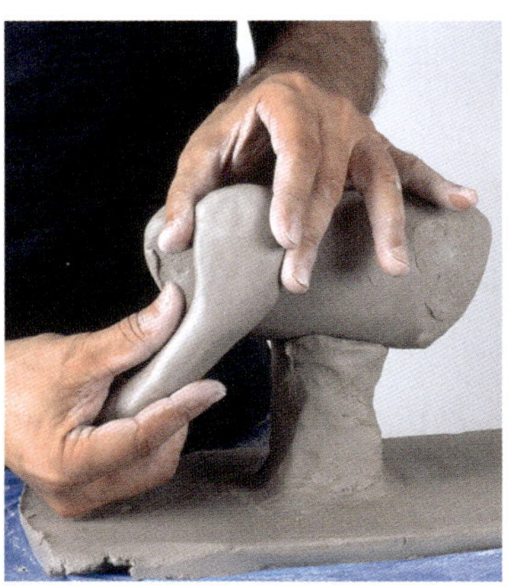

3 • Durch Knicke an Knie und Ferse erhält das Bein seine Form.

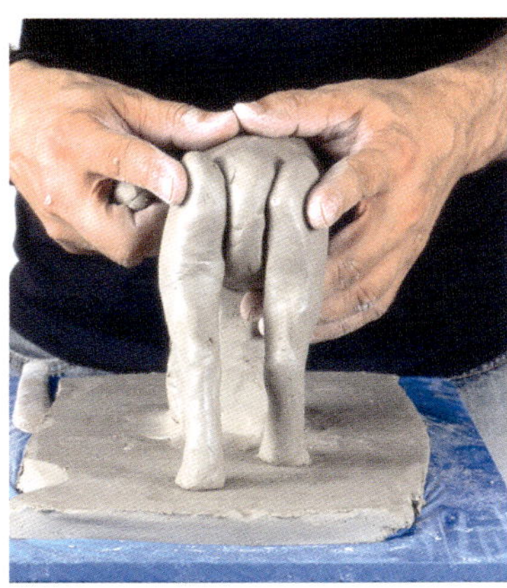

4 • Bringen Sie jedes Bein erst in Stellung, bevor Sie es angarnieren.

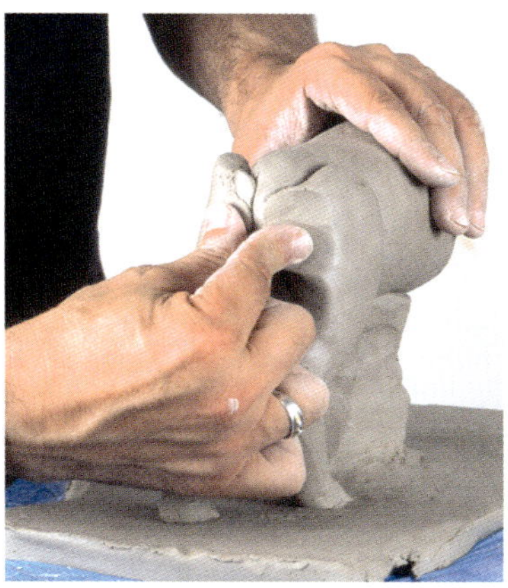

5 • Durch Kneifen entsteht die Verbindung.

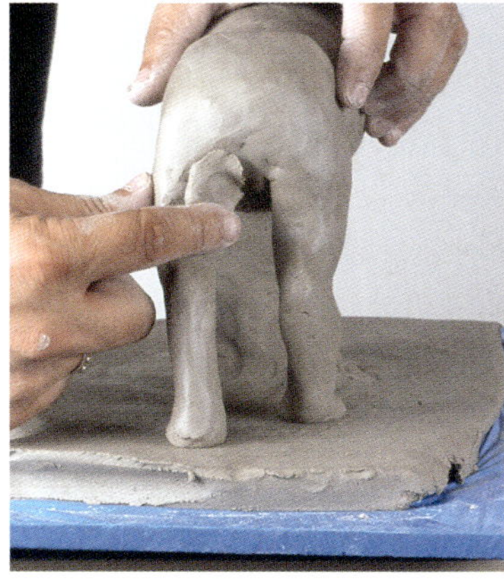

6 • Verstärken Sie die Oberschenkel von innen, damit sie voller wirken.

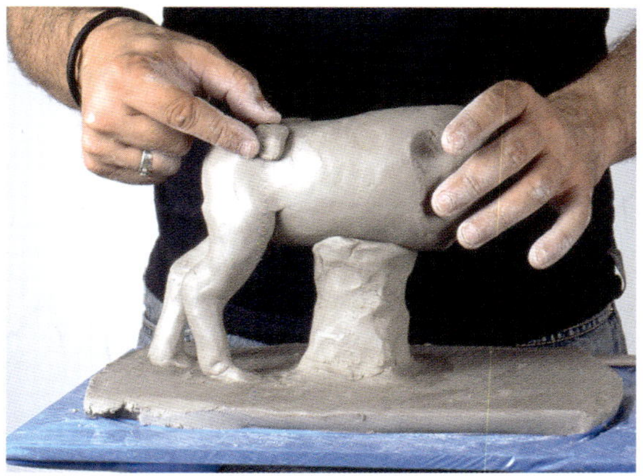

7 • Für das Becken wird Material zugefügt.

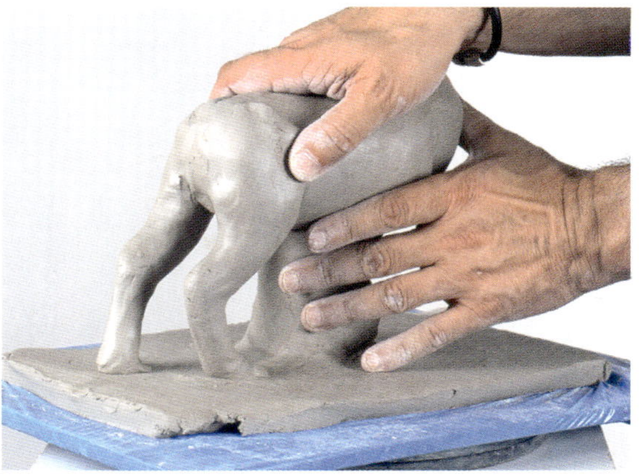

8 • Modellieren des Beckens.

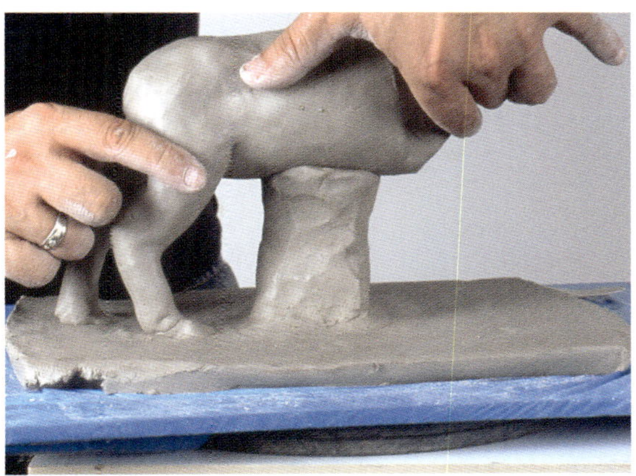

9 • Verbinden Sie das Material mit der Masse und sparen Sie eine Vertiefung für die Taille aus.

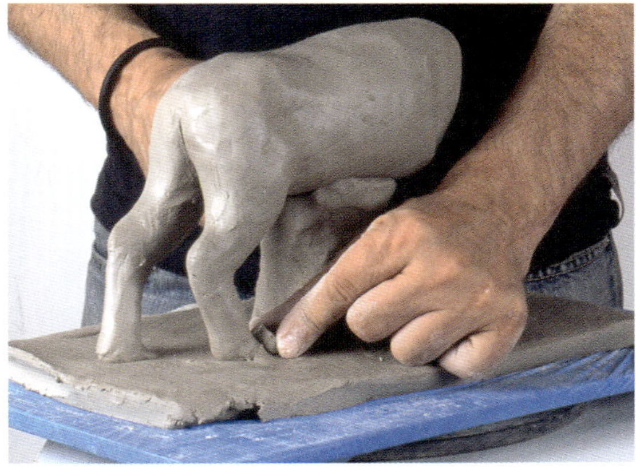

10 • Hier füge ich Material für die Hufe bzw. Zehen hinzu.

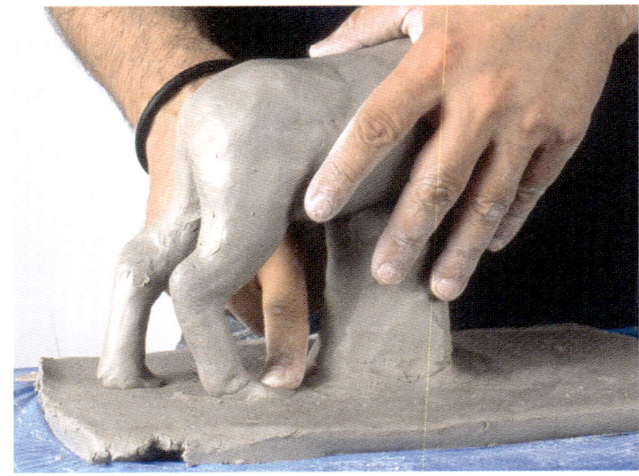

11 • Angarnieren.

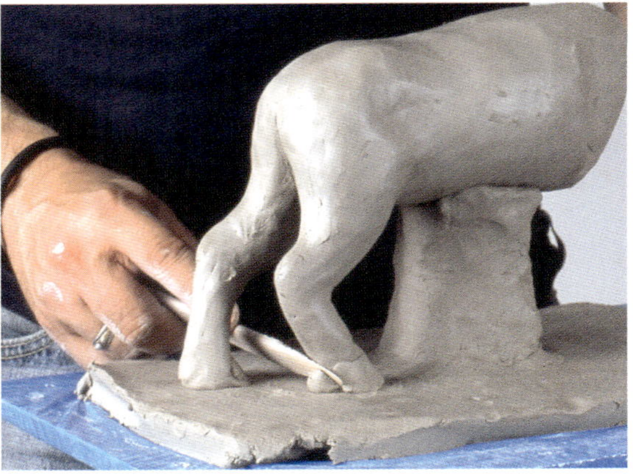

12 • Der Huf ist geformt, den Überschuss schere ich ab.

4. SCHRITT: DIE VORDERBEINE

Beschreibung

Man erkennt auf den ersten Blick, dass auch zwischen den oberen Gliedmaßen des Menschen und den Vorderbeinen der Tiere Ähnlichkeiten bestehen. Allerdings hat der Mensch einen Muskel entwickelt (den Deltamuskel), der den meisten Tieren fehlt. Dieser Muskel erlaubt einen Bewegungsradius von 360 Grad und schafft dadurch erheblich mehr Möglichkeiten als die bloße Fortbewegung.

Anmerkung: Wie bei den Hinterbeinen, wo sich Schien- und Wadenbein zu einem einzigen Knochen verbunden haben, sind auch beim Vorderbein Elle und Speiche oftmals zusammengewachsen.

Aufbau

Sie haben schon erraten, wie es weitergeht. Wie bei der Konstruktion der menschlichen Arme modellieren wir auch hier mit kleineren Karotten die Vorderfüße.

Legen Sie die Beugung der Gliedmaßen fest und garnieren Sie diese auf Ihre Stütze. Ein Kinderspiel!

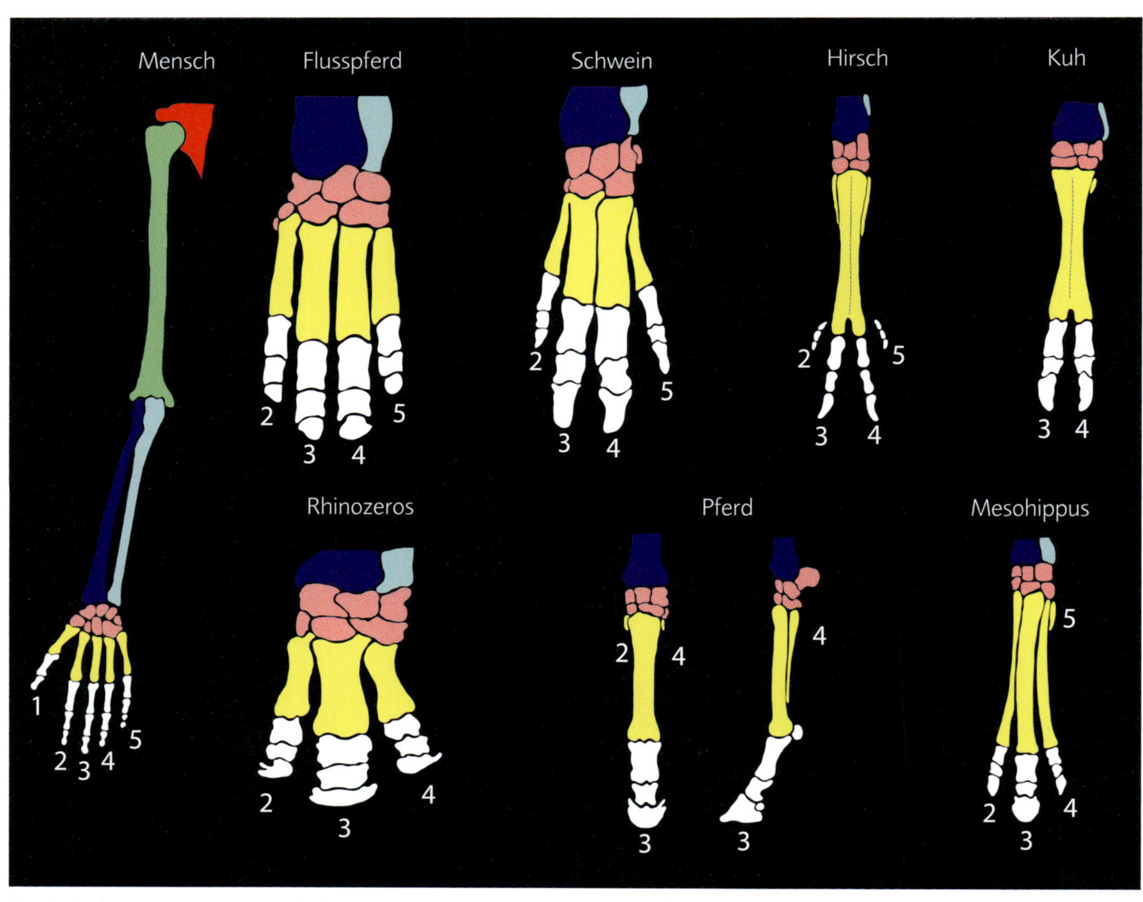

Vorderbeine

1. Daumen
2. Zeigefinger
3. Mittelfinger
4. Ringfinger
5. Kleiner Finger

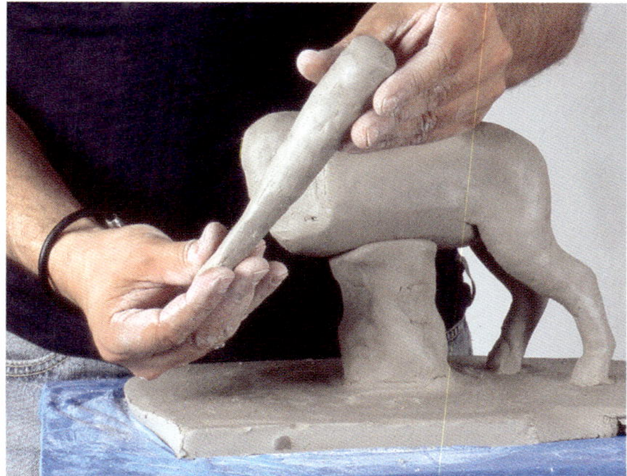

1 • Für die Vorderbeine formen wir kleinere Karotten.

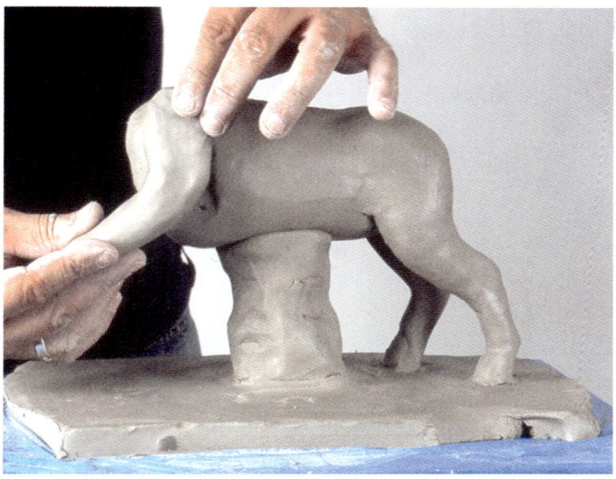

2 • Die Gelenke schaffen die Proportionen …

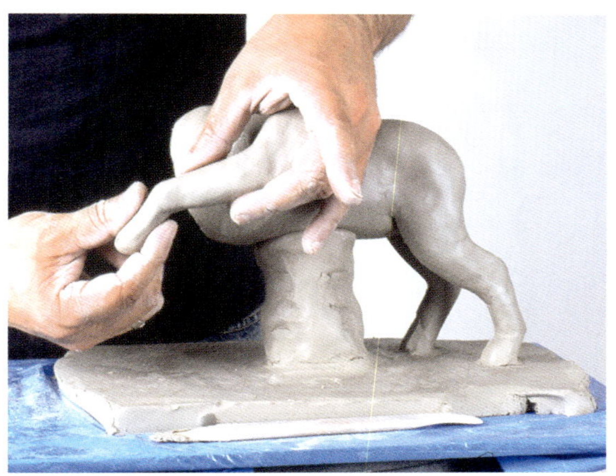

3 • … der verschiedenen Abschnitte.

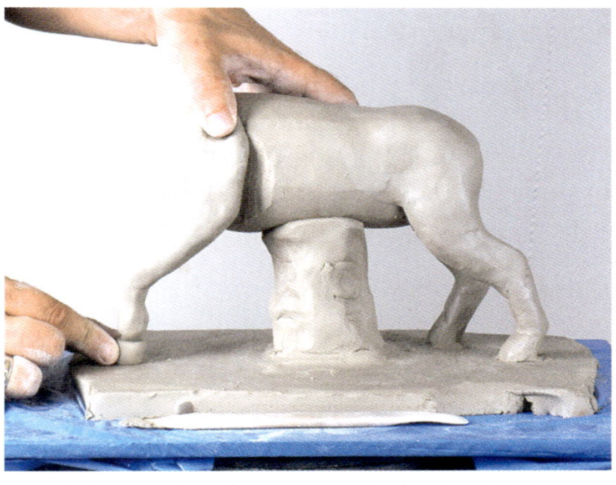

4 • Flachen Sie den oberen Bereich, der der Schulter entspricht, leicht ab und garnieren Sie sie an. Verwenden Sie, falls nötig, eine Stütze für das angehobene Bein.

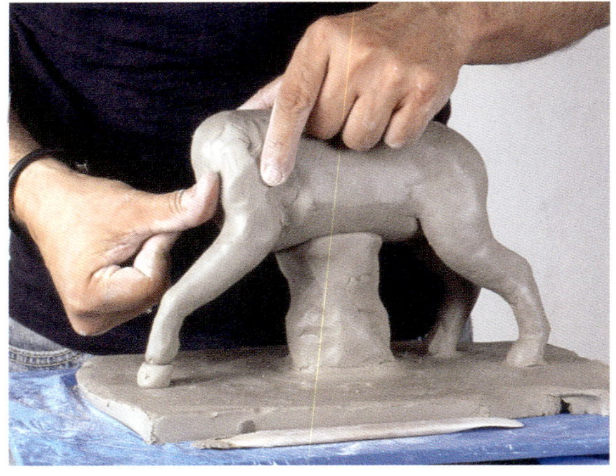

5 • Ein Detail darf allerdings nicht vergessen werden: das Schulterblatt. Es ist meistens sichtbar und lässt sich selbst unter einem dicken Pelz erahnen. Eine in Richtung der Schulter flachgedrückte Tonkugel – und die Sache stimmt!

5. SCHRITT: DER SCHWANZ

Beschreibung

Der Schwanz ist die Verlängerung der Wirbelsäule. Es ist also angebracht, ihren Verlauf mit der Spitze eines Modellierholzes anzuzeichnen, damit sie mittig verläuft. Diese Linie hilft uns, die logische Symmetrie des Körpers zu bewahren.

Aufbau

Für einen nackten oder langen und kurzhaarigen Schwanz genügt ein Tonwulst, der in Länge und Querschnitt an den Körperbau unseres Objekts angepasst wird. Bei anderen Ausprägungen, etwa beim Pferd, muss Volumen zugefügt werden. Das geschieht entweder durch Angarnieren weiterer Wülste, die mit dem ersten verbunden werden müssen oder, wie in unserem Beispiel, durch das direkte Anfügen einer größeren Masse Ton.

Mit einer Schlinge können wir Strähnen abtrennen und dann durch Bestreichen mit einem feuchten – aber nicht nassen – Pinsel eine Oberflächenstruktur herstellen.

Auf jeden Fall dürfen wir nicht unterschätzen, wie viel ein Pelz, etwa beim Fuchs oder beim Eichhörnchen, zum Gesamtvolumen beiträgt.

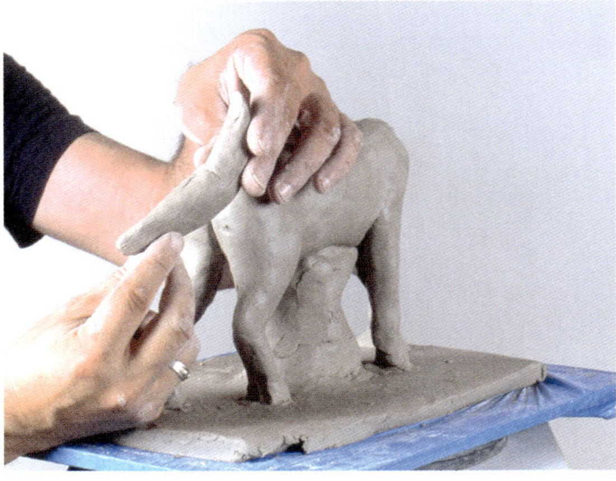

1 • Der Wulst muss zum Körperbau des Objektes passen.

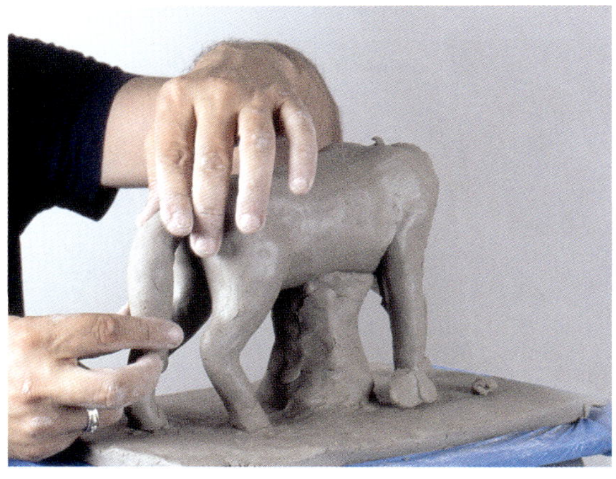

2 • Für ein Pferd wird ein dickerer Wulst benötigt.

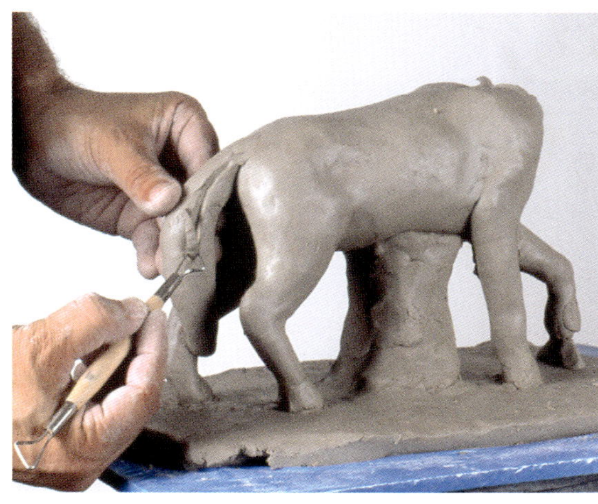

3 • Mit einer Schlinge können Sie Strähnen freilegen.

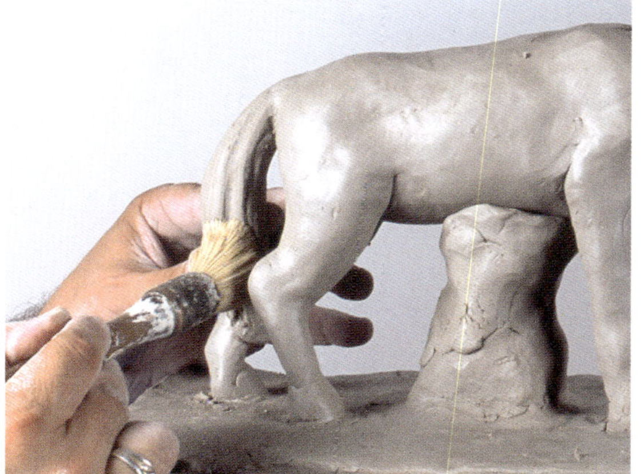

4 • Mit dem Pinsel wird die Struktur geschaffen.

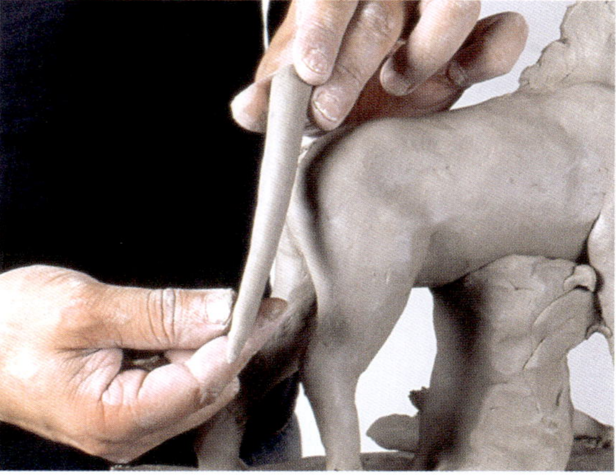

5 • Auch eine Möglichkeit: ein aus einem dünnen Wulst geformter, peitschenförmiger Schwanz.

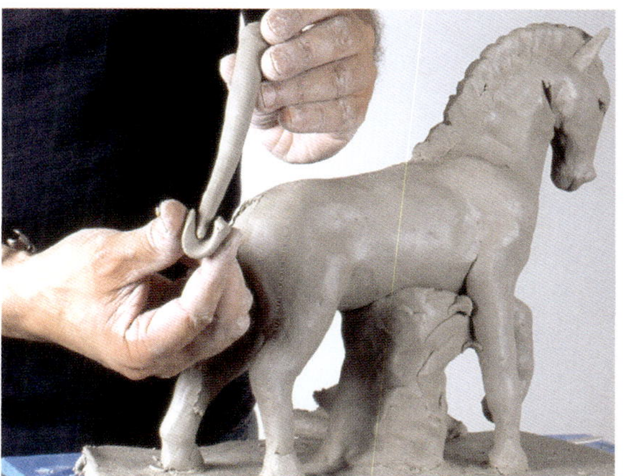

6 • Eine kleine Menge Ton wird am Schwanzende zugefügt ...

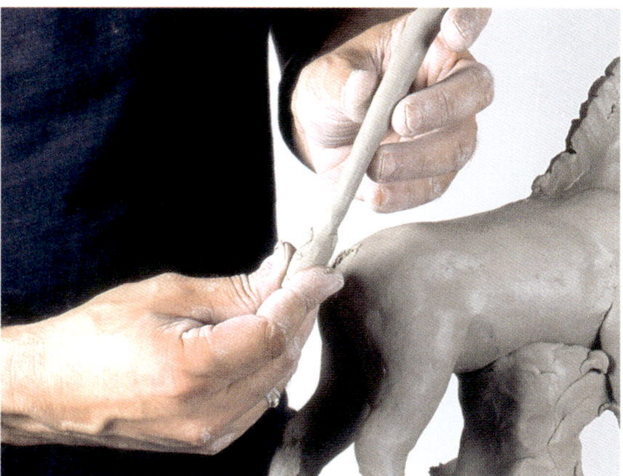

7 • ... etwa als Quaste wie beim Löwen.

Trick

Garnieren Sie den „Körper" des Schwanzes an den Oberschenkel bzw. das Bein, damit er später nicht bricht. Oder Sie verbinden ihn mit dem Sockel, wenn das Tier darauf liegt.

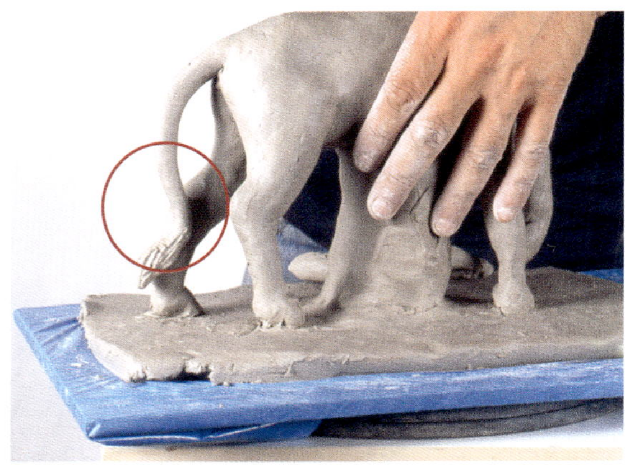

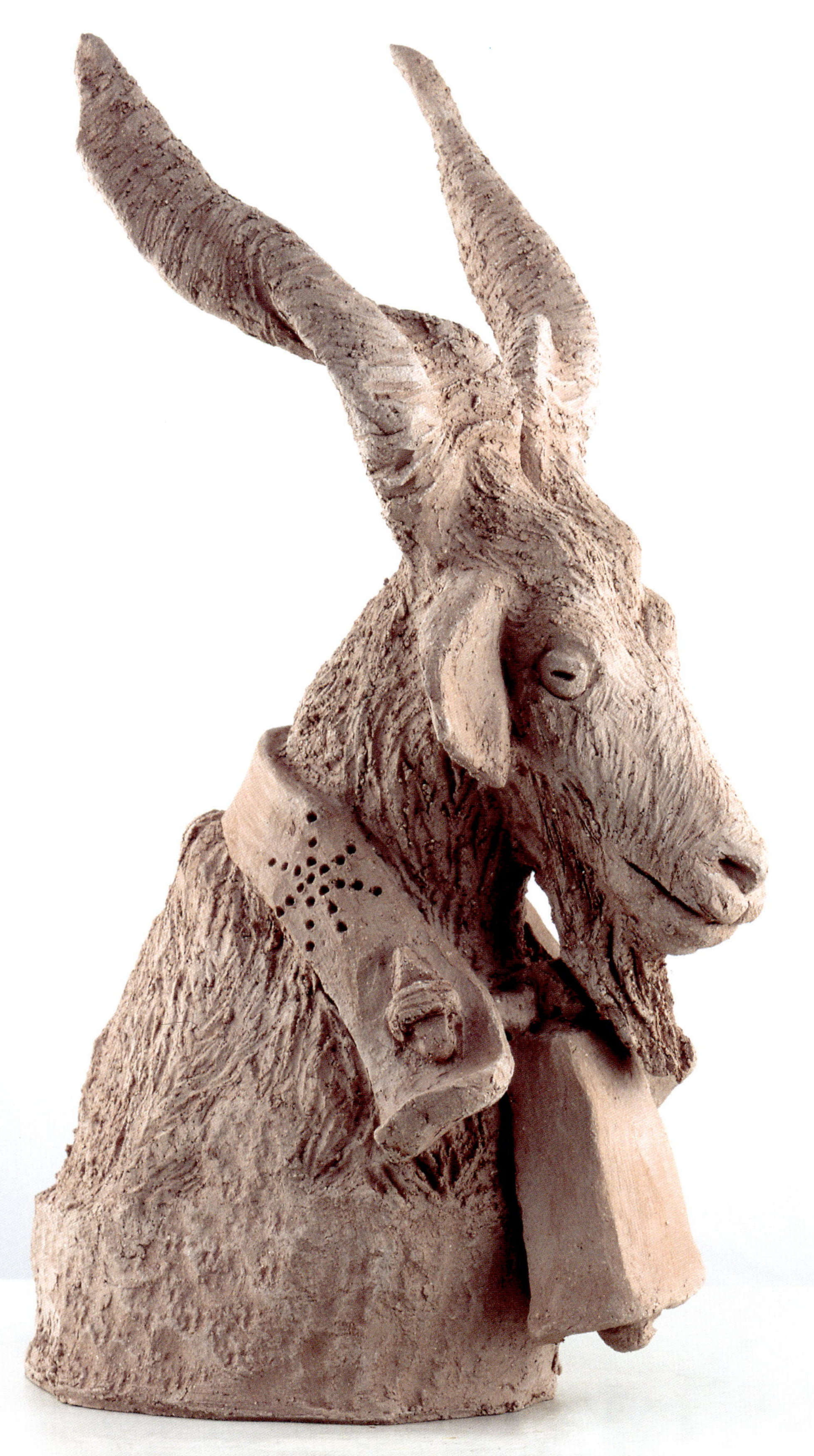

6. SCHRITT: KOPF UND HALS

Beschreibung

Zu Beginn dieses Buches haben wir einen grundlegenden Unterschied in der Haltung des Kopfes festgestellt. Beim Menschen ist er aufgrund des aufrechten Ganges sozusagen auf die Halswirbel aufgesetzt – Verschiebung des Hinterkopfloches –, bei den Tieren hingegen wirkt er wie aufgehängt. Der Nacken wirkt dadurch viel dünner, bisweilen verschwindet er gar in der Dicke des Halses; deshalb können Hals und Nacken auch nicht getrennt voneinander gebildet werden. Diese Wirkung wird noch verstärkt durch eine so gut wie flache und kleine Schädeldecke.

Im Vergleich zum Menschen ist der Kiefer sehr stark ausgeprägt. Er steht vor, bildet die Schnauze und setzt weit hinten an, was bewirkt, dass die Schnauze oft sehr weit geöffnet werden kann (Katzen, Hunde). Wichtige Beobachtung: Das Kiefergelenk sitzt wie beim Menschen gleich neben dem Gehörgang, was uns einen guten Anhaltspunkt für das Ansetzen der Ohrmuscheln und Ohren verschafft. Die Zähne sind nicht wie bei uns bogenförmig angeordnet, sondern liegen parallel und bilden ein grobes Rechteck.

Die Augen sind je nach Tierart unterschiedlich platziert. Die Augen der Jäger sind auf der Vorderseite angeordnet, damit sie sich auf die zukünftige Beute richten können. Wie bei uns! Die Beutetiere dagegen blicken seitwärts, weil ihre Augen auf den Seiten des Schädels liegen. So können sie auch den Rückraum überwachen, ohne groß den Kopf verdrehen zu müssen, denn eine Zeitersparnis von ein paar Sekunden kann lebensrettend sein, wenn man ein Hase ist.

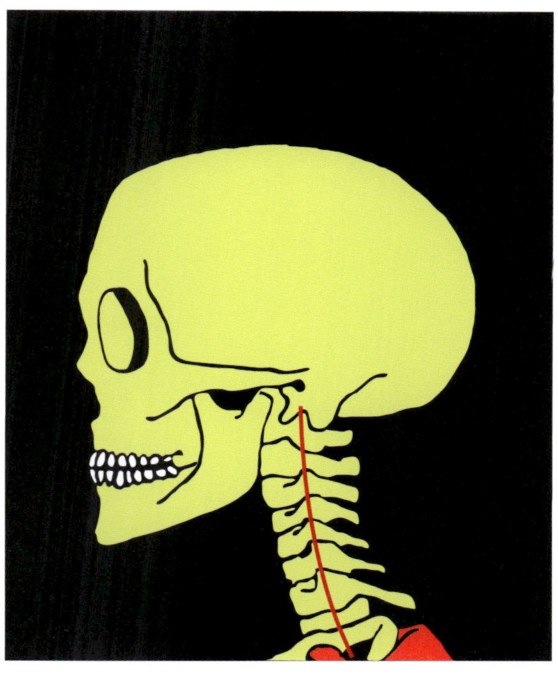

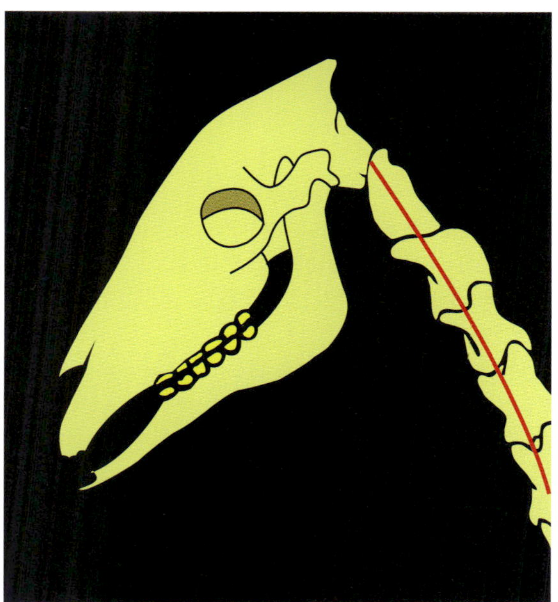

Grundlegender Unterschied in der Haltung des Kopfes zwischen Mensch und Pferd.

Linke Seite:
Roveziege (Michèle Grenier-Boley), gebrannter Ton.

Aufbau

Der Hals

Diesen Körperteil bilden wir mithilfe einer Karottenform (aber ja!). Vorher haben wir zwischen den Schultern eine Vertiefung geschaffen, was ein solides Angarnieren ermöglicht.

Der Hals trägt den Kopf buchstäblich nach vorne. Es ist ein sehr bewegliches Element, das dem Tier Verrenkungen ermöglicht, die für einen Menschen unmöglich sind. Alle Wirbeltiere verfügen über Halswirbel und ihr Hals ist je nach Gattung unterschiedlich lang. Das Wildschwein scheint überhaupt keinen Hals zu haben, während die Giraffe alle Rekorde schlägt. Es fällt auf, dass es absurd wäre, den Kopf direkt auf die Schultern zu setzen. Ich habe schon mehrfach Elefantenskulpturen gesehen, bei denen der Hals vergessen wurde, wahrscheinlich, weil er hinter den immensen Ohren versteckt ist. Alle noch so schön gestalteten Details können einen solchen Fehler nicht beheben. Also seien wir wachsam!

Der Hals kann zylindrisch ausfallen (Katzen, Hunde) oder oval im Querschnitt (Pferde, Hirsche). Auf jeden Fall müssen drei wichtige Volumen platziert werden:

- die Luftröhre, die mittig vorne am Hals sitzt, und
- die beiden Halsmuskeln, die beidseitig am hinteren Schädel und den Schultern ansetzen.

Diese Details sind gedämpft, wenn das Fell dick ist, aber sichtbar, wenn die Haare kurz und die Muskeln ausgeprägt sind.

Die folgenden Schritte ergeben sich direkt aus der Betrachtung. Die Karotte wird an mindestens zwei Stellen verformt. Die erste bildet einen Knick, der dem Kopf Richtung gibt und beim Ansetzen der verschiedenen Volumen einen Ansatzpunkt bietet. Der zweite Knick trägt eine seitliche Abflachung, die in die zylindrische Form übergeht. Der Hals wird in der Vertiefung angesetzt und angarniert.

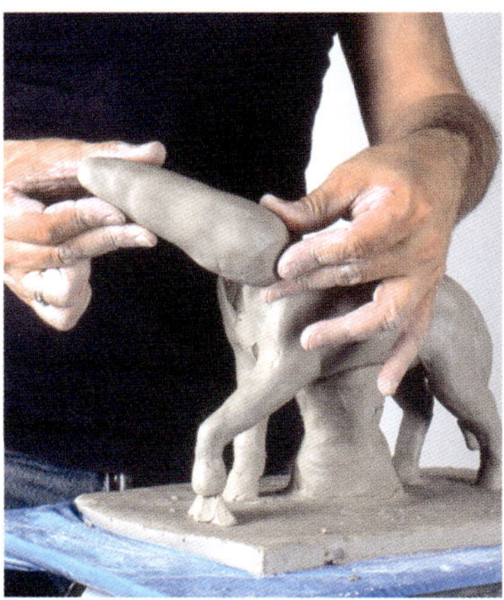

1 • Formen Sie den Hals aus einem karottenförmigen Wulst.

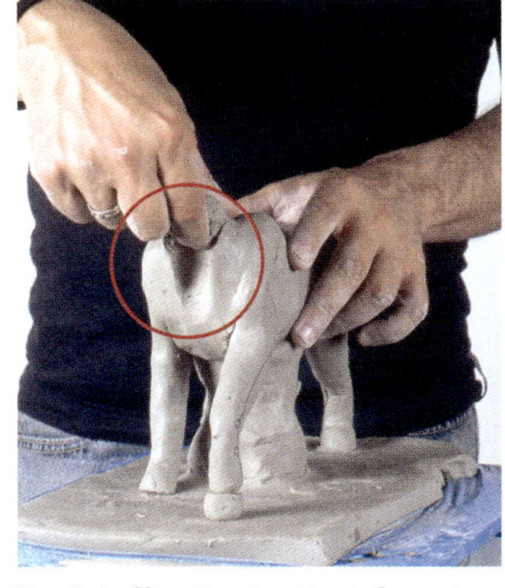

2 • Schaffen Sie eine Vertiefung als Aufnahme für den Hals, der darin fest angarniert werden kann.

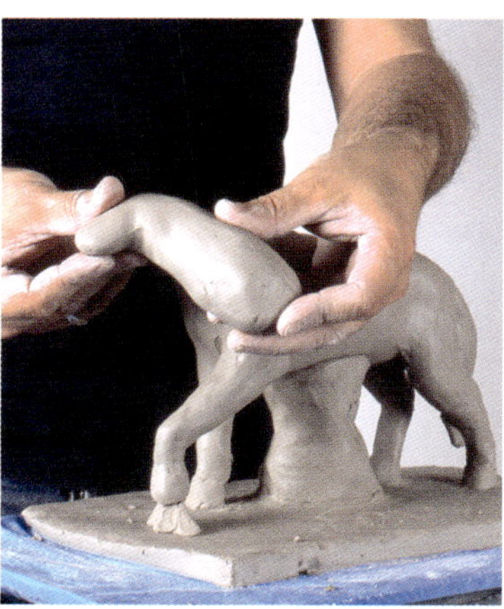

3 • Erste Verformung der Karotte, aus der das Kopfvolumen entsteht.

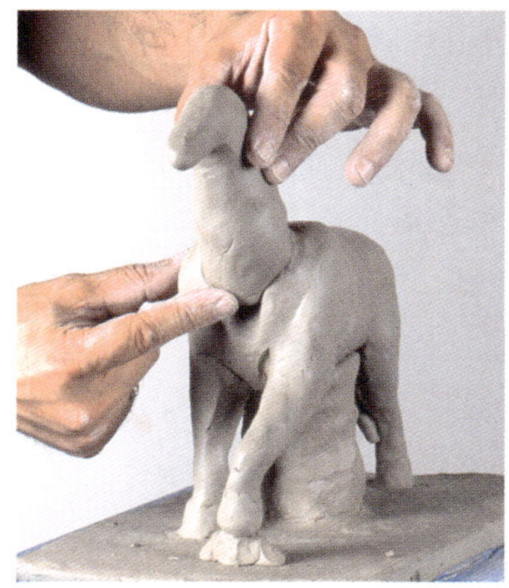

4 • Verbinden des Halses mit dem Rumpf.

Der Kopf

Auch hier bestimmt in erster Linie der Knochen die Anatomie. Immer vorhanden sind aber:

- die Schädeldecke
- die Augenbrauen
- die Wangenknochen und das Jochbein
- die Schnauze und der Oberkiefer
- der Unterkiefer

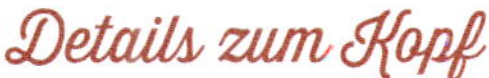

Details zum Kopf

Sobald Hals und Kopf in Position gebracht sind, werden die ersten Handgriffe natürlich den Augenhöhlen gelten. Ihre Lage gibt einen ersten Hinweis darauf, ob das abgebildete Tier zum Beispiel eher ein Jäger ist oder ein Beutetier.

Der Fortgang fällt erheblich leichter, wenn man bereits Erfahrung im Aufbau des menschlichen Gesichts besitzt: Die Brauen werden aus zwei kleinen Wülsten gebildet. Zwei Tonkugeln werden als Wangenknochen angesetzt und in Richtung des Gehörgangs verstrichen, sodass der Jochbeinbogen entstehen kann, wenn er denn sichtbar ist. Dieser Bogen ermöglicht es uns auch, die Schläfengrube zu betonen.

Danach verfeinern wir die Schnauze bis zum Nasenspiegel bzw. den Nasenlöchern. Gleich darunter trennen sich die Lefzen und überlappen den Unterkiefer. Wo das anders ist, wie beim Pferd, gehen wir zur Oberlippe über.

Wenn der Aufbau der letzten Elemente korrekt war, ist es nun einfach, die Ohren anzusetzen. In den meisten Fällen sind sie beweglich und man kann dem Objekt durch ihre Orientierung eine bestimmte Gemütslage verleihen. Wie dem auch sei, die Ohrmuschel wird als gebogenes Blatt angesetzt – schließlich hat sie die Funktion eines Geräuschtrichters. Sie hat

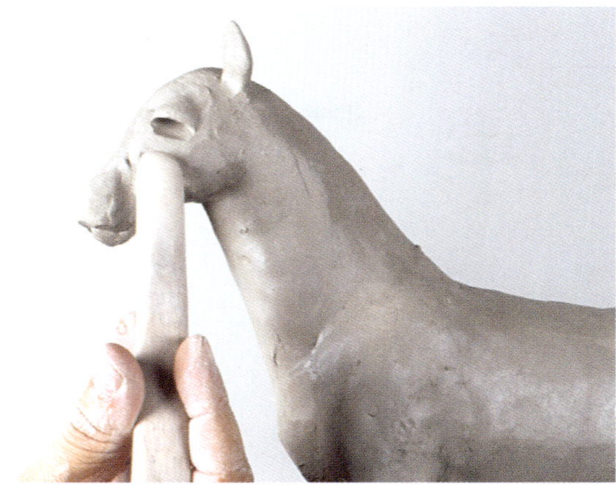

Die Augenhöhlen.

schon fast die richtige Größe, aber ihr Ansatz liegt immer in der Nähe des Gelenkes Kiefer/Schädel. Immer! Und das trotz der unendlichen Vielfalt. Ich hoffe, dazu beizutragen, dass weniger rein dekorative Ohren oben auf die Köpfe von armen Tieren gesetzt werden, die nie darum gebeten haben!

Der Unterkiefer ist generell nach vorne hin kürzer und scheint sich in den oberen, ihn bedeckenden Kiefer einzufügen. Bewegt wird er von mächtigen Muskeln: den Kaumuskeln. Ob ein Kiefer gut ausgeführt wurde, hängt sehr von der richtigen Gestaltung seiner Volumen ab. D. h. sie sollten nicht übertrieben dargestellt werden, sonst verfällt man in die Karikatur. Außerdem sollte man dafür sorgen, dass die Schnauze sich in die richtige Richtung öffnet. Je nach gewählter Rasse verdecken die Lefzen die Kiefer auf der gesamten Seite, wie bei bestimmten Hunden. Die Deutsche Dogge ist ein perfektes Beispiel.

Am Ende der Schnauze liegen die Atemwege. Jede Tierart hat eine eigene Form, aber innerhalb der Formen gibt es Familien. Ich habe eben den Nasenspiegel erwähnt, aber es gibt noch viele andere Varianten. Die „Nase" eines Pferdes unterscheidet sich von der einer Kuh oder eines Schweins. Auch Katzen haben ihre Besonderheiten.

Anleitung: der Hundekopf

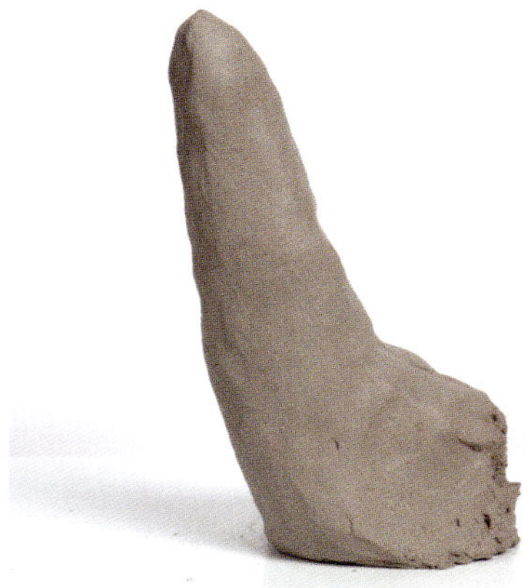

1 • Karotte

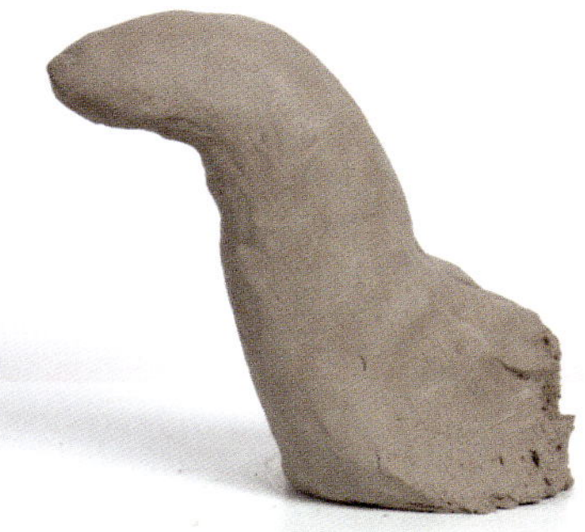

2 • Erste Verformung, die den späteren Kopf ergibt.

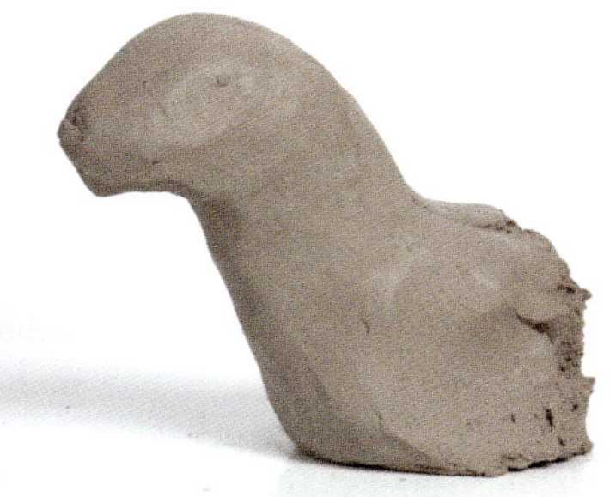

3 • Erstes Ansetzen von Volumen.

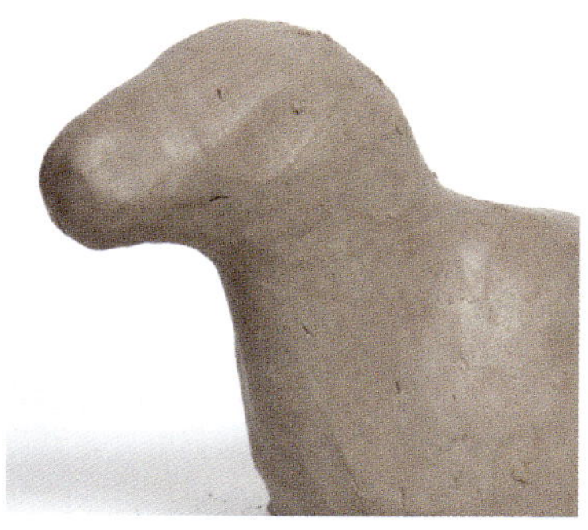

4 • Mehr Volumen wird angesetzt, sodass die Schnauze Form annimmt.

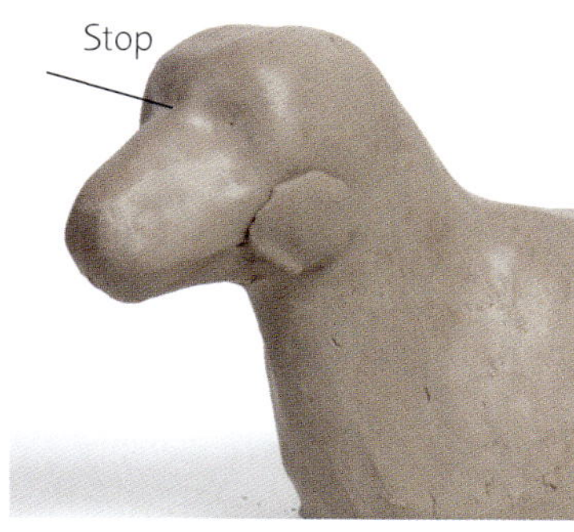

5 • Drücken Sie mit den Daumen die Augenhöhlen ein, formen Sie den Stirnabsatz und fügen Sie eine Tonkugel für den Kaumuskel an.

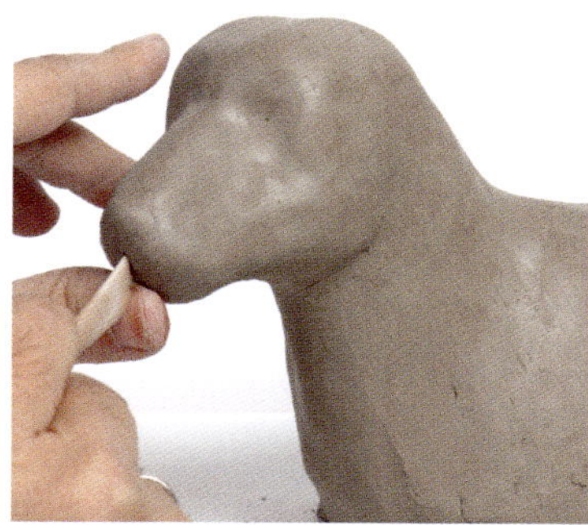

6 • Trennen Sie mit der Kante eines Modellierholzes die Öffnungen von Mund und Nase voneinander.

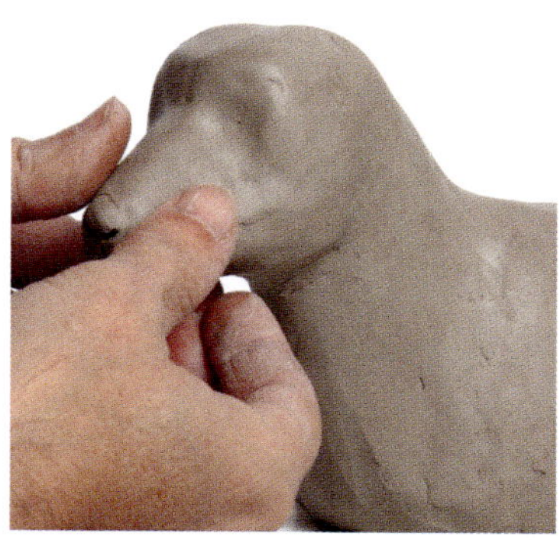

7 • Füllen Sie die seitlichen Bereiche auf.

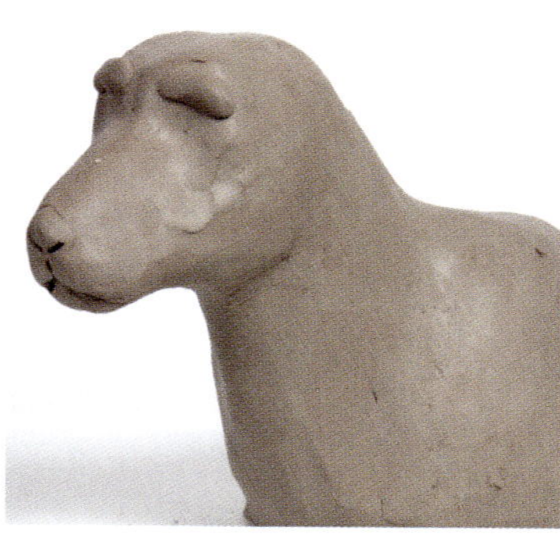

8 • Anfügen der Augenbrauen.

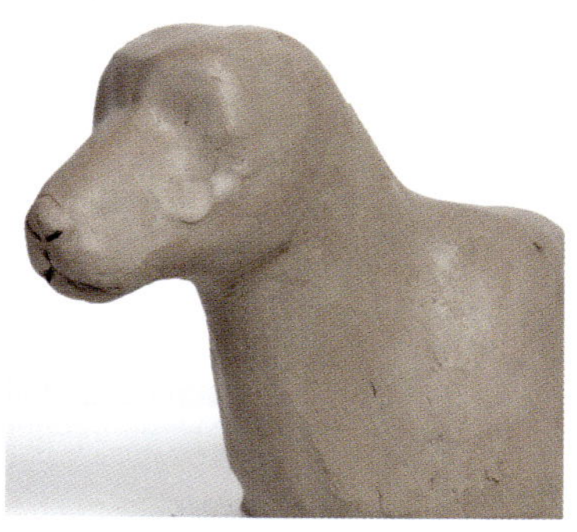

9 • In die Stirn eingearbeitet.

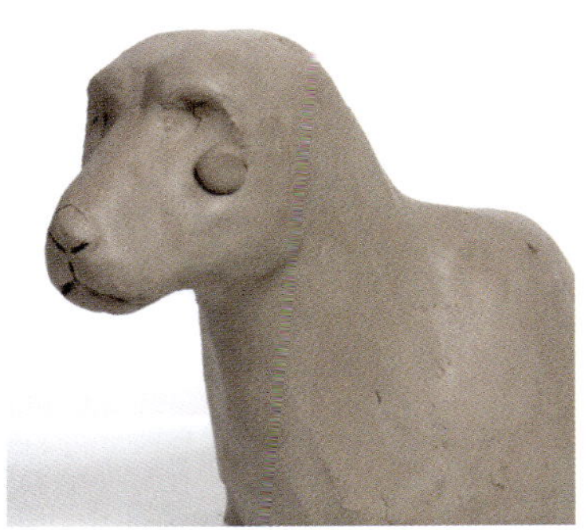

10• Eine Tonkugel für den Wangenknochen.

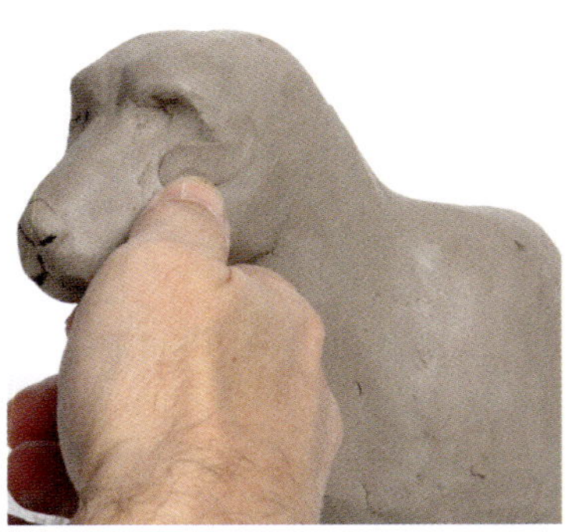

11• Verstreichen Sie sie horizontal, um die Vertiefung auszufüllen.

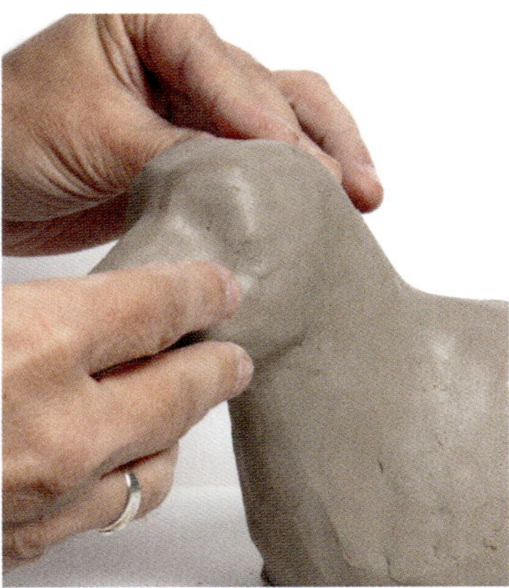

12• Arbeiten Sie sie in das Kopfvolumen ein.

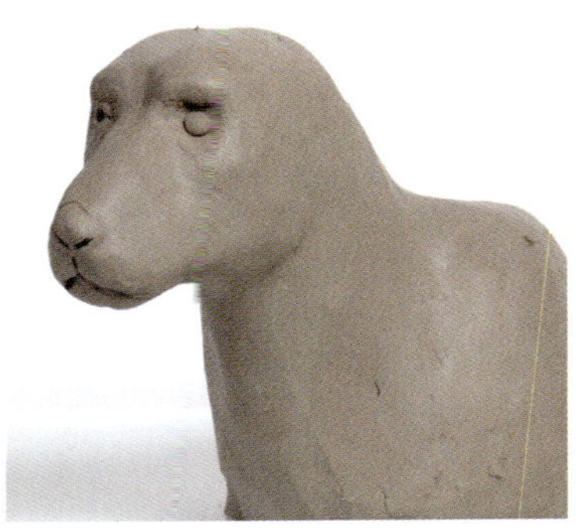

13• Beginnen Sie das Auge, indem Sie eine kleine Kugel in die Augenhöhle setzen.

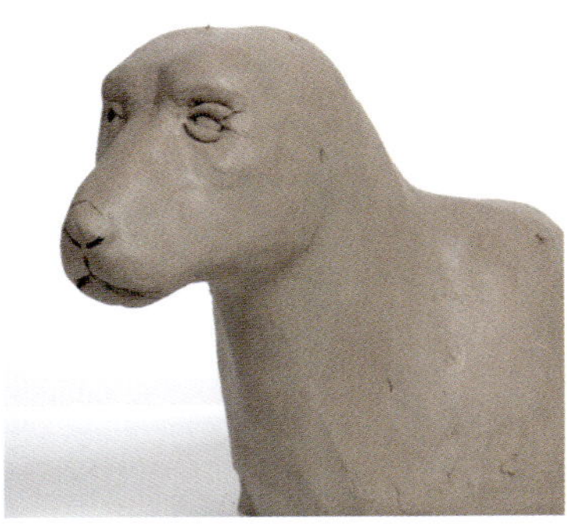

14• Dann bilden Sie aus kleinen Wülsten die Augenlider.

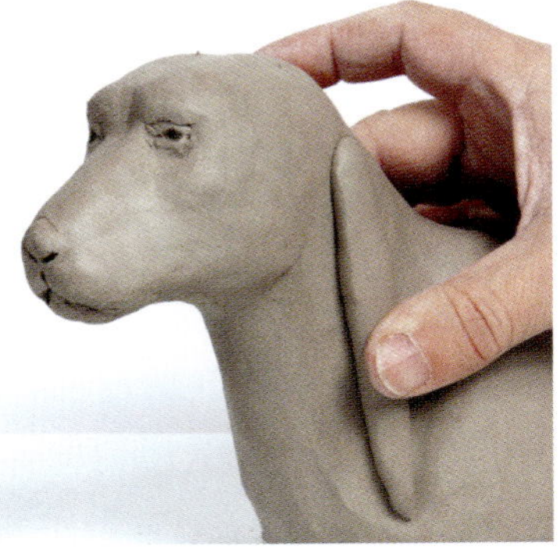

15• Ansetzen des Halsmuskels.

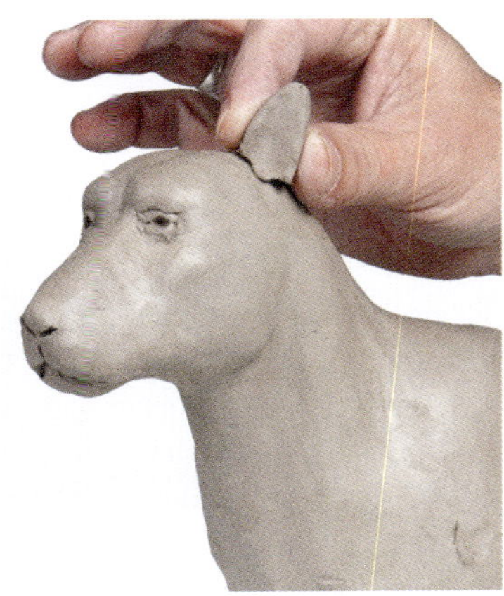

16• Ansetzen der Ohren.

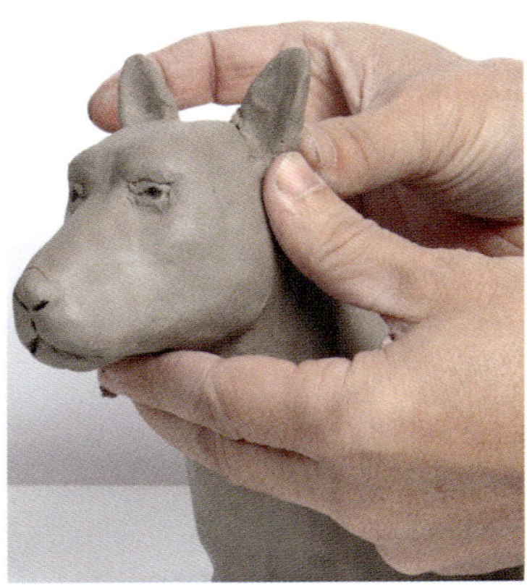

17• Gerade Ohren.

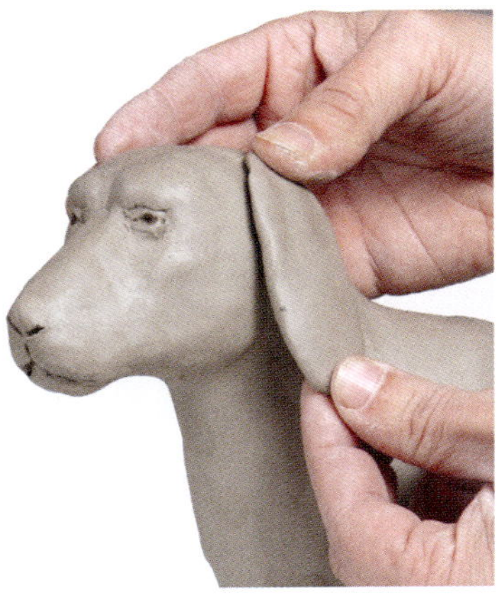

18• Hängende Ohren.

Anleitung: Lösungen für das Auge

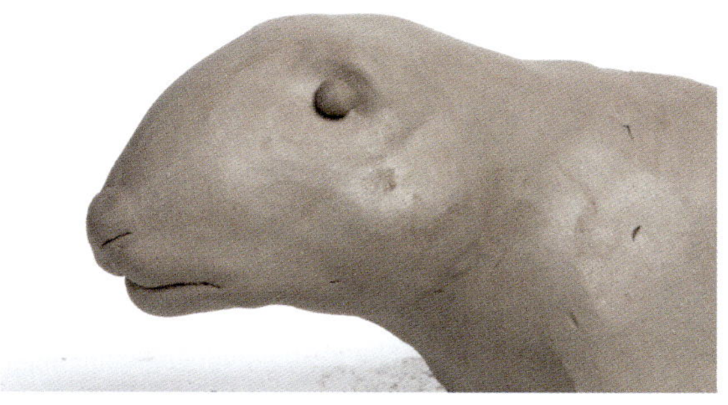

1 • Ein Kügelchen für das Auge.

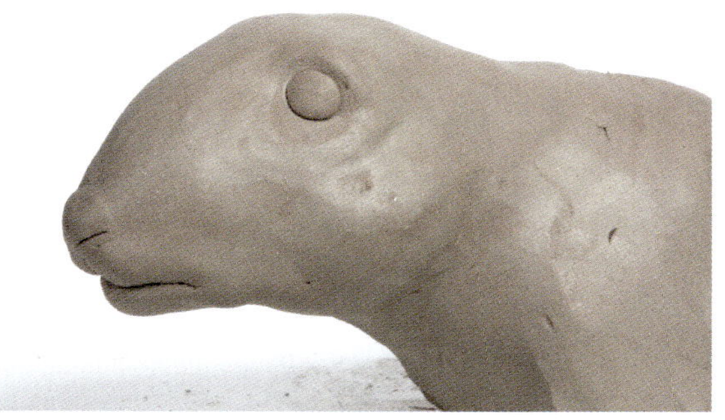

2 • Leicht andrücken, aber konvex belassen.

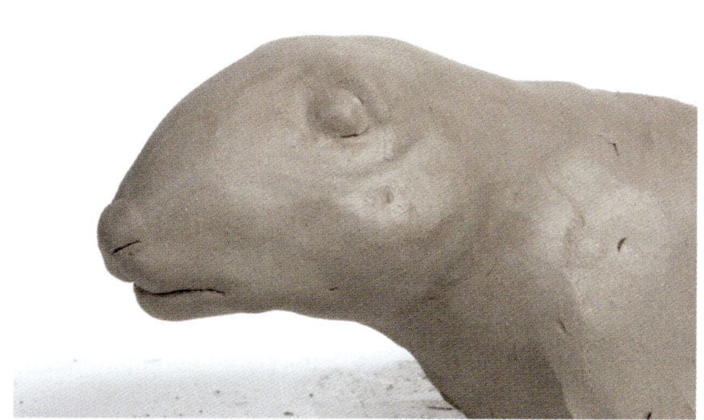

3 • Vorsichtig verstreichen.

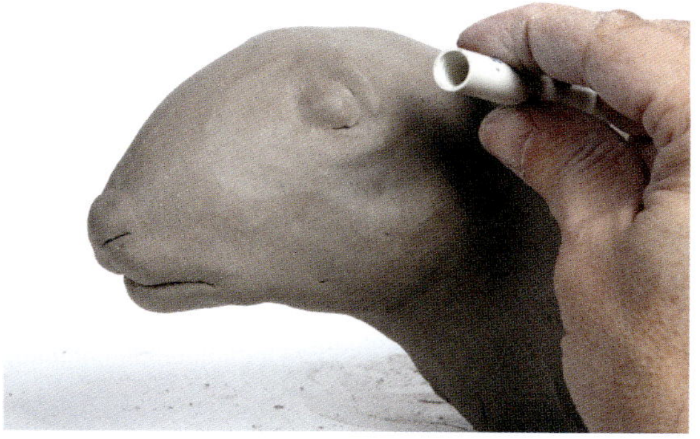

4 • Mit einer Hülse, hier von einem Kugelschreiber, ...

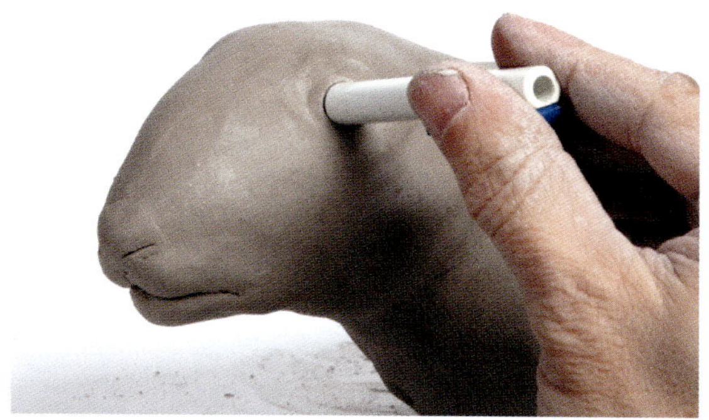

5 • ... wird eine auf beiden Seiten gleiche Begrenzung des Auges geschaffen.

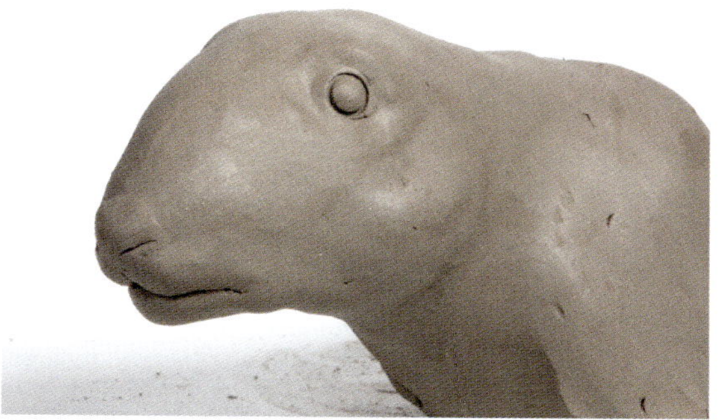

6 • Hier das Ergebnis.

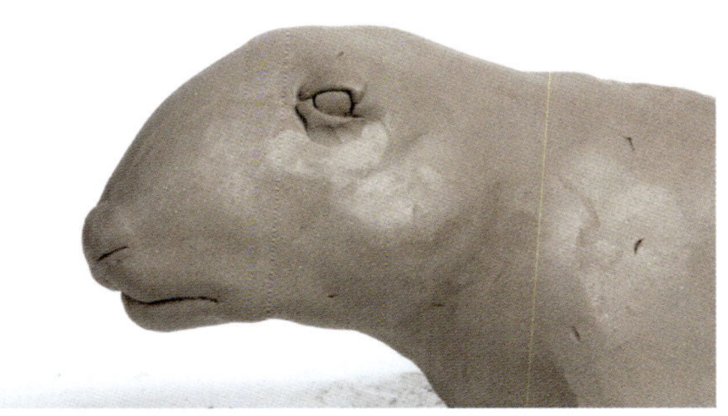

7 • Man kann das Auge bedecken, indem man aus kleinen Wülsten Lider formt.

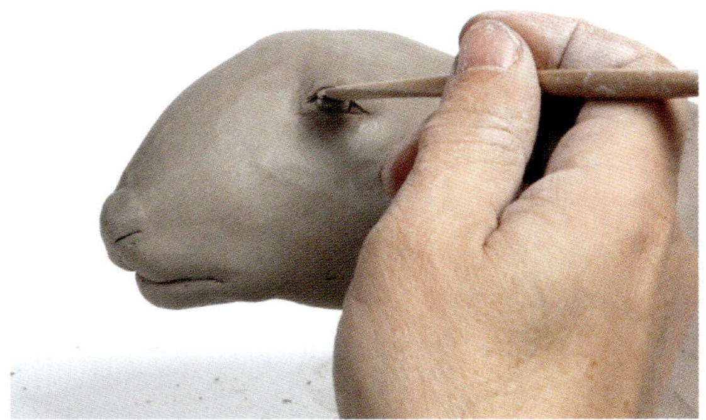

8 • Öffnen der Iris mit dem Modellierholz.

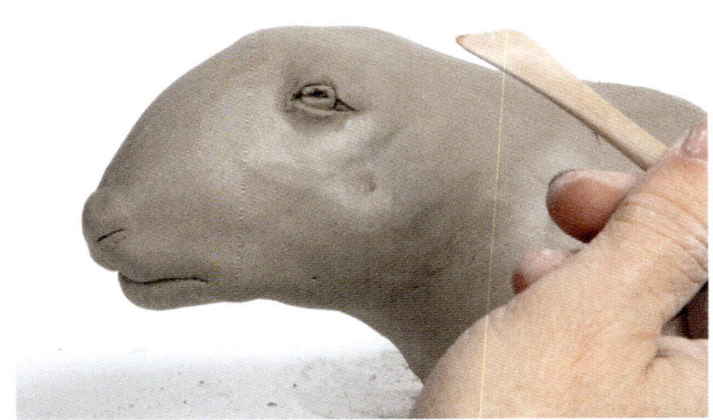

9 • Bei manchen Tierarten, besonders bei Schafen und Ziegen, ist die Iris rechteckig.

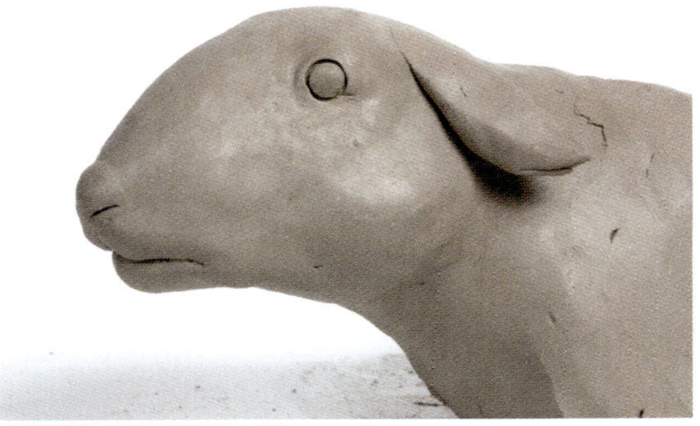

10 • Ansetzen des geschlossenen Ohrs.

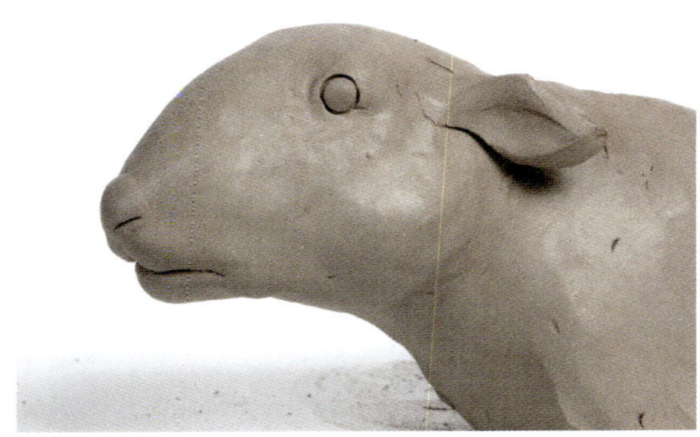

11 • Oder Ansetzen eines offenen Ohrs.

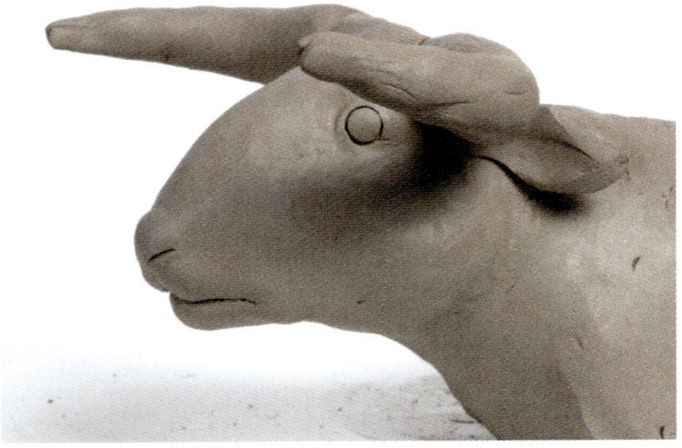

12 • Nur zum Spaß: ein Versuch mit Hörnern.

VERMEIDBARE FEHLER

In der Seitenansicht

Zwischen den Beinen muss genug Abstand bleiben, damit genug Platz für den Brustkorb ist. Vorne empfiehlt es sich, der Schulter Volumen zu verleihen. Gleiches gilt hinten für Gesäß und Sitzbeine.

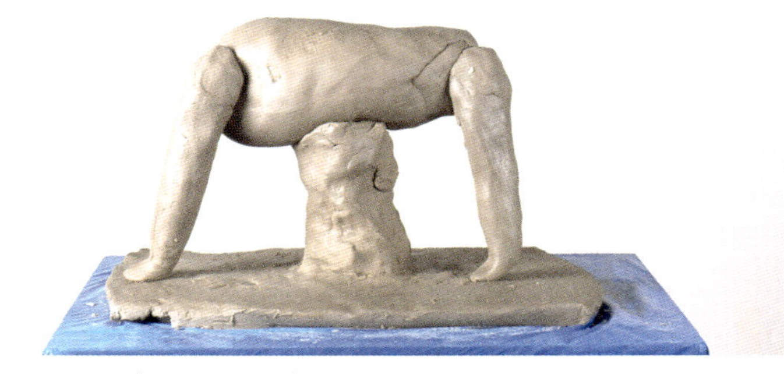

Fehler: Zu weit an den Körperenden angesetzte Beine.

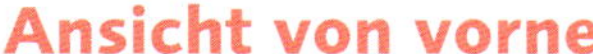

Ansicht von vorne

Zwei Fehler sind weitverbreitet:

- Die Gliedmaßen stoßen im oberen Bereich direkt aneinander und lassen keinen Platz für die Brustmuskeln. Man könnte sich fragen, welche Zauberkraft bewirkt, dass sie stehen können!
- Sie stehen so weit auseinander, dass sie wie die Pfosten eines Fußballtors aussehen.

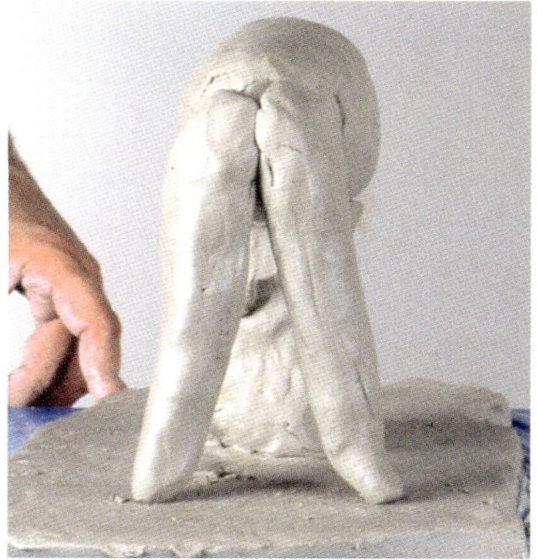

Fehler: Zu eng stehende Beine, dem Körper fehlt der Brustkorb.

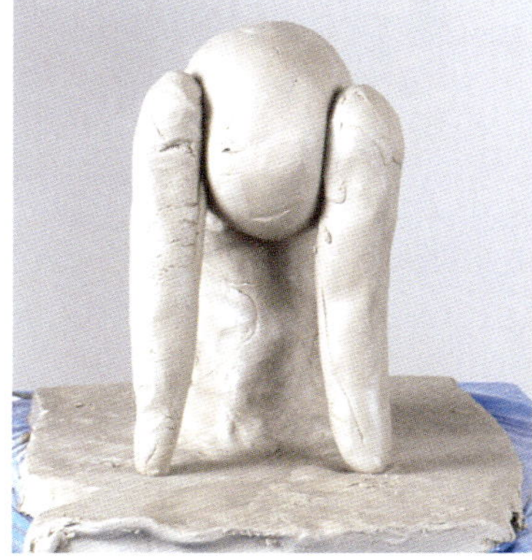

Fehler: Zu weit auseinander stehende Beine.

Das richtige Maß findet, wer sein Objekt beobachtet und kennt. Oft reicht es aus, sich den eigenen Körper mit den Händen auf dem Boden vorzustellen, um nicht ins Absurde zu verfallen. Prägen Sie sich dieses Bild gut ein, es ist mehr als hilfreich. Was haben wir zwischen den Schultern? Die Brustmuskeln ... Und die Tiere ebenso!

Ansicht von hinten

Der Abstand der hinteren Gliedmaßen hängt von der Körpermasse ab. Meistens aber – trotz eines bisweilen imposanten Volumens, etwa bei den Dickhäutern – ist der Abstand gar nicht so sehr groß. Ähnlich wie bei der menschlichen Anatomie geht auch beim Tier die Innenseite der oberen Oberschenkelmuskeln in die Gesäßmuskulatur über.

Ansicht von oben

Es ist aufschlussreich, die Körper von Tieren von oben zu betrachten und festzustellen, wie unterschiedlich groß sie sind. Bei manchen prägt den Körperbau ein großvoluminger Brustkorb, andere hingegen scheinen aus einem einfachen Rechteck oder Oval zu bestehen. Die eher „luftigen" Umrisse sind uns sehr hilfreich beim Ausgleichen und Beleben der Schultern, des Brustkorbes, der Hüfte und des Beckens.

Wo wir schon dabei sind: Die Taille ist auch zwischen den letzten Rippen und dem Becken vorhanden. Es empfiehlt sich, diesem Bereich Aufmerksamkeit zu schenken, um zu wissen, wie sehr er betont oder abgeschwächt werden muss. Und vergessen wir nicht, dass es sich um ein Gelenk handelt, mit dessen Hilfe wir dem Objekt Leben und Bewegung verleihen können.

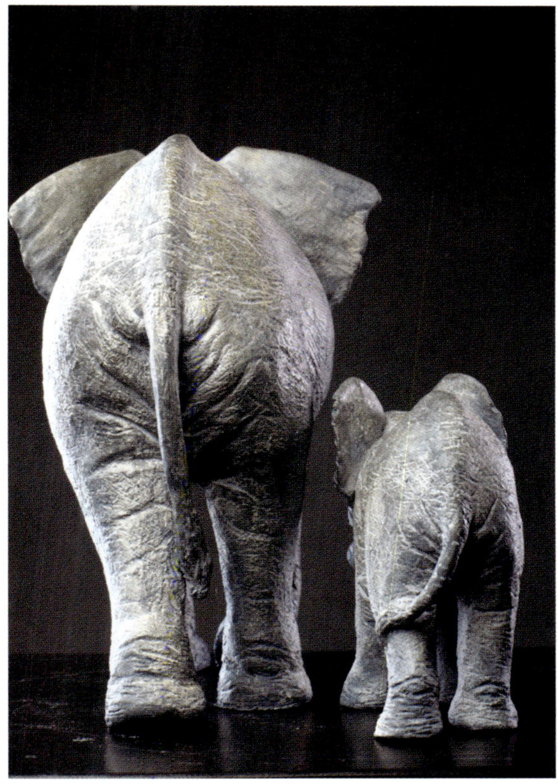

Elefanten von hinten (Philippe Chazot), gebrannter und patinierter Ton.

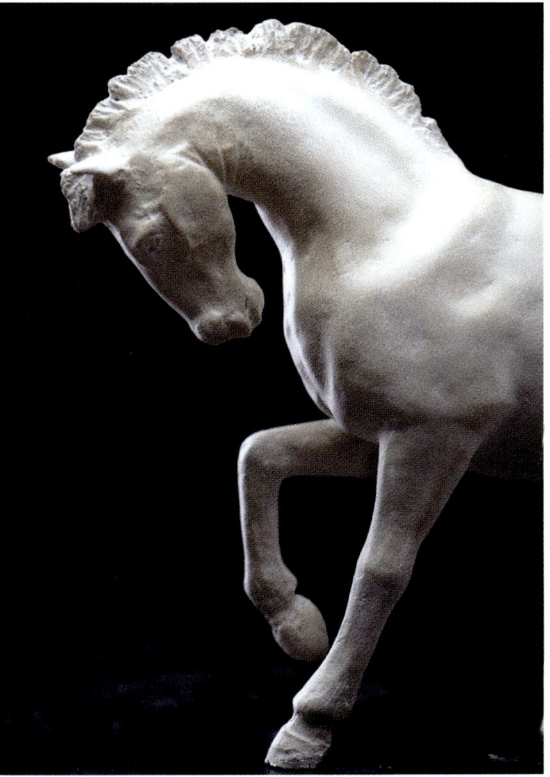

Pferd (Philippe Chazot), gebrannter Ton.

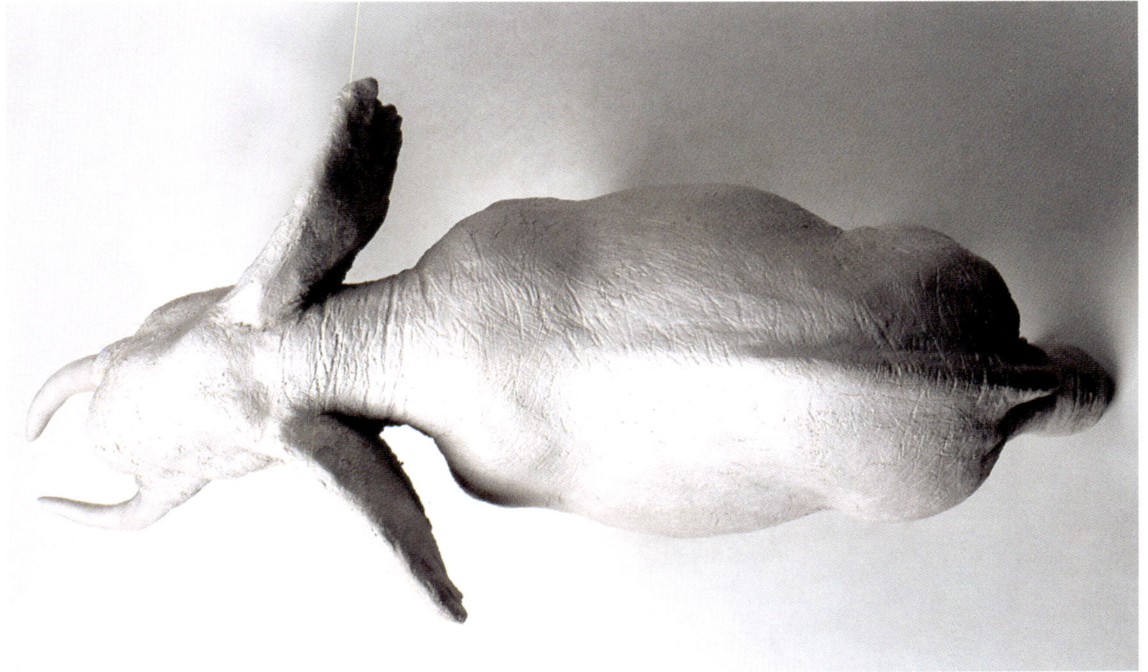

Elefant von oben (Philippe Chazot), gebrannter Ton.
Dieser Blickwinkel verdeutlicht,dass der Elefant tatsächlich über einen Hals verfügt!

Anleitungen
DER HUND

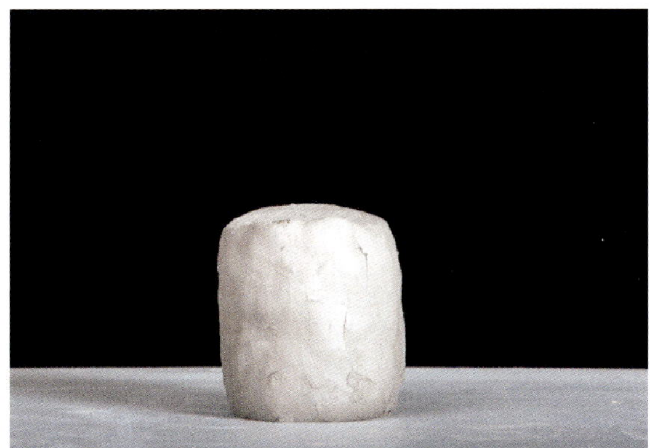

1 • Setzen Sie eine Stütze auf die Platte

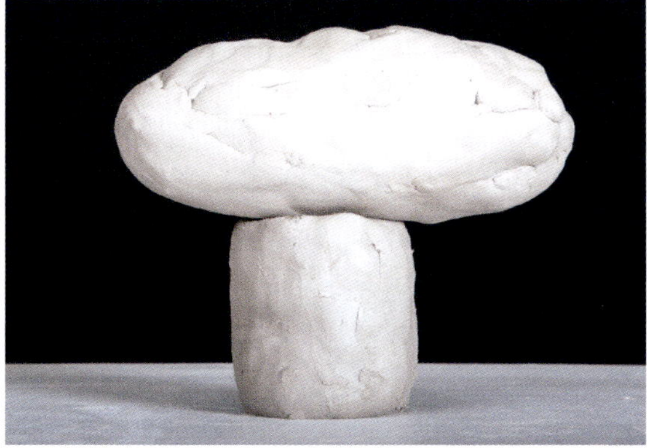

2 • Kneten Sie eine Art „Kartoffel" als Vorform des Körpers.

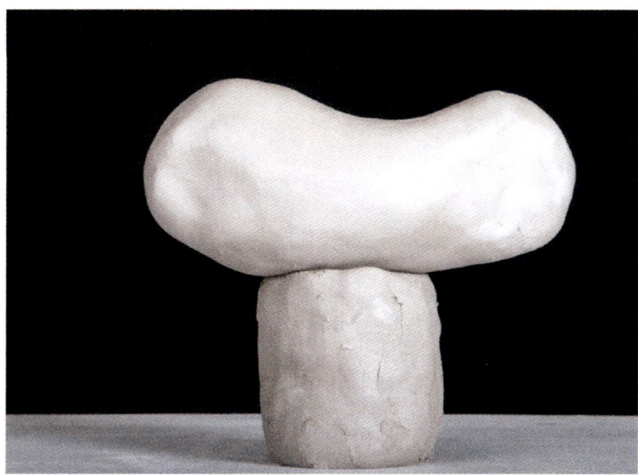

3 • Formen Sie daraus eine geschwungene Form, ähnlich der einer großen Bohne.

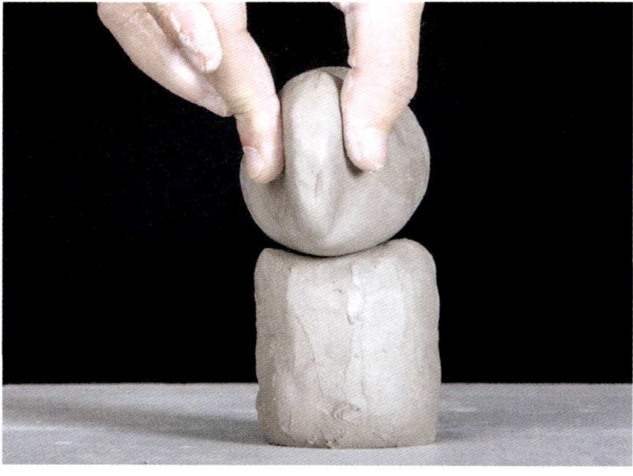

4 • Kneifen Sie in das Hinterteil, um genug Platz für das Angarnieren der Oberschenkel zu schaffen.

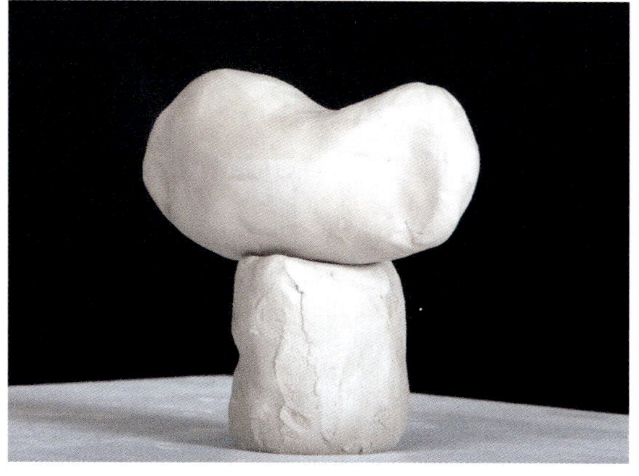

5 • Der Entwurf des Rumpfes.

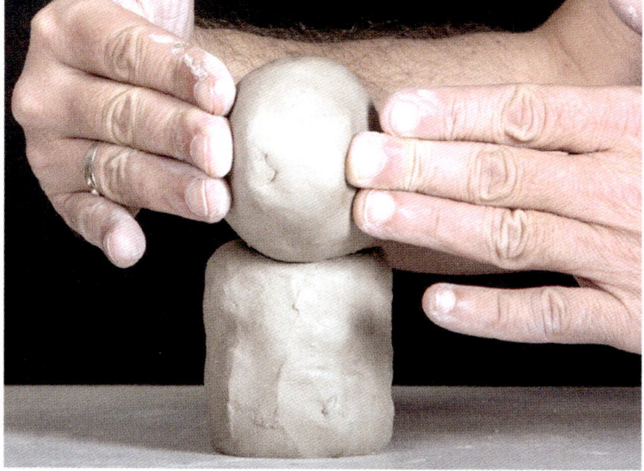

6 • Gestalten Sie den vorderen Bereich dünner, um die Schultern ansetzen zu können; sparen Sie genug Platz für den Brustkorb aus.

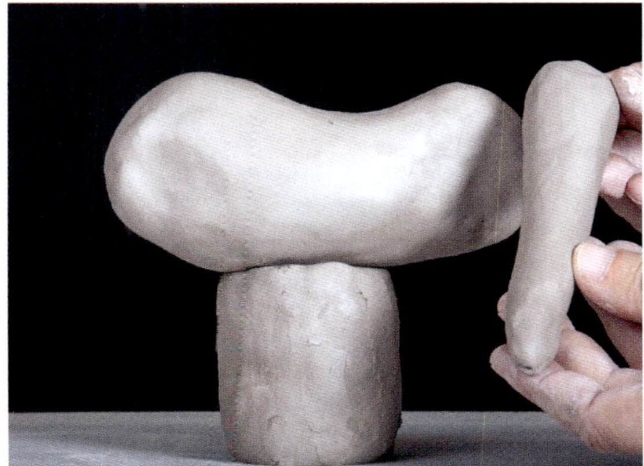

7 • Grundform für ein Hinterbein: eine Karotte.

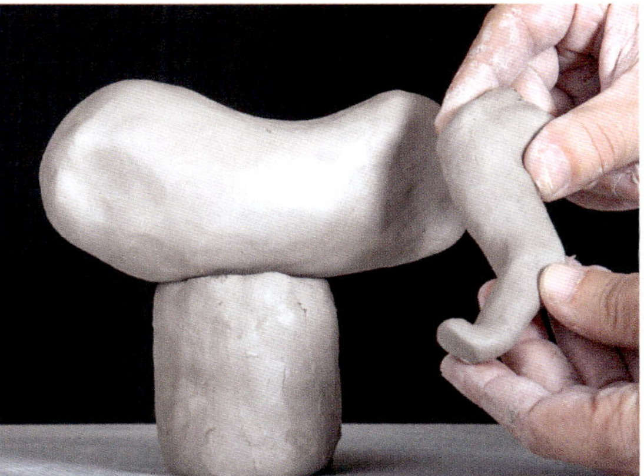

8 • Schaffen Sie die Biegungen dort, wo später Knie, Ferse und Zehen sein sollen.

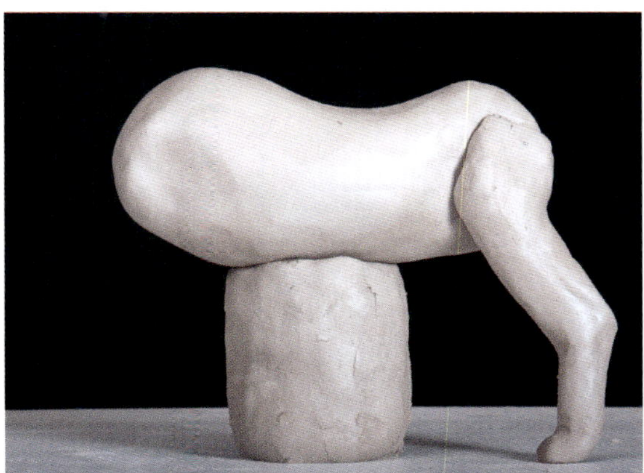

9 • Das angesetzte Hinterbein.

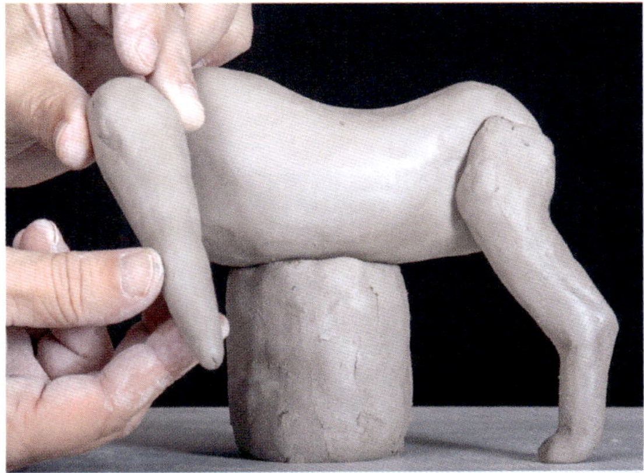

10 • Eine weitere Karotte wird für das Vorderbein benötigt.

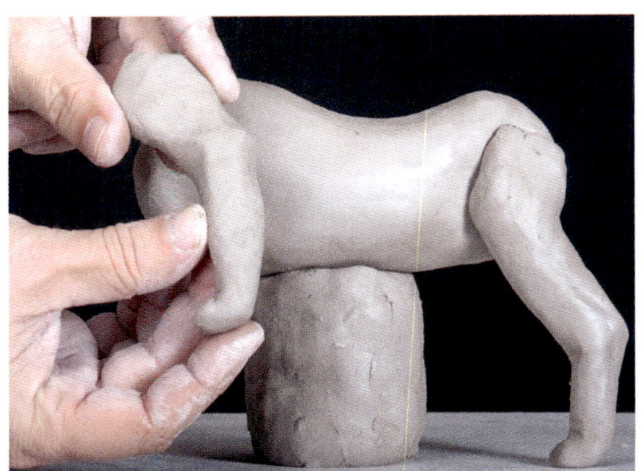

11 • Bilden Sie auch hier die Biegungen von Ellbogen, Handgelenk und Zehen.

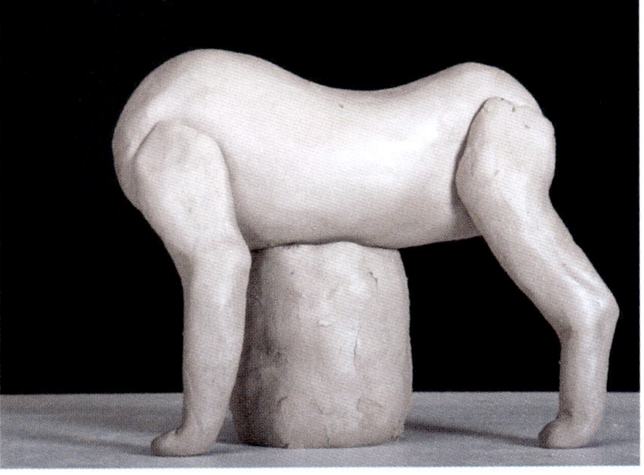

12 • Das angesetzte Vorderbein.

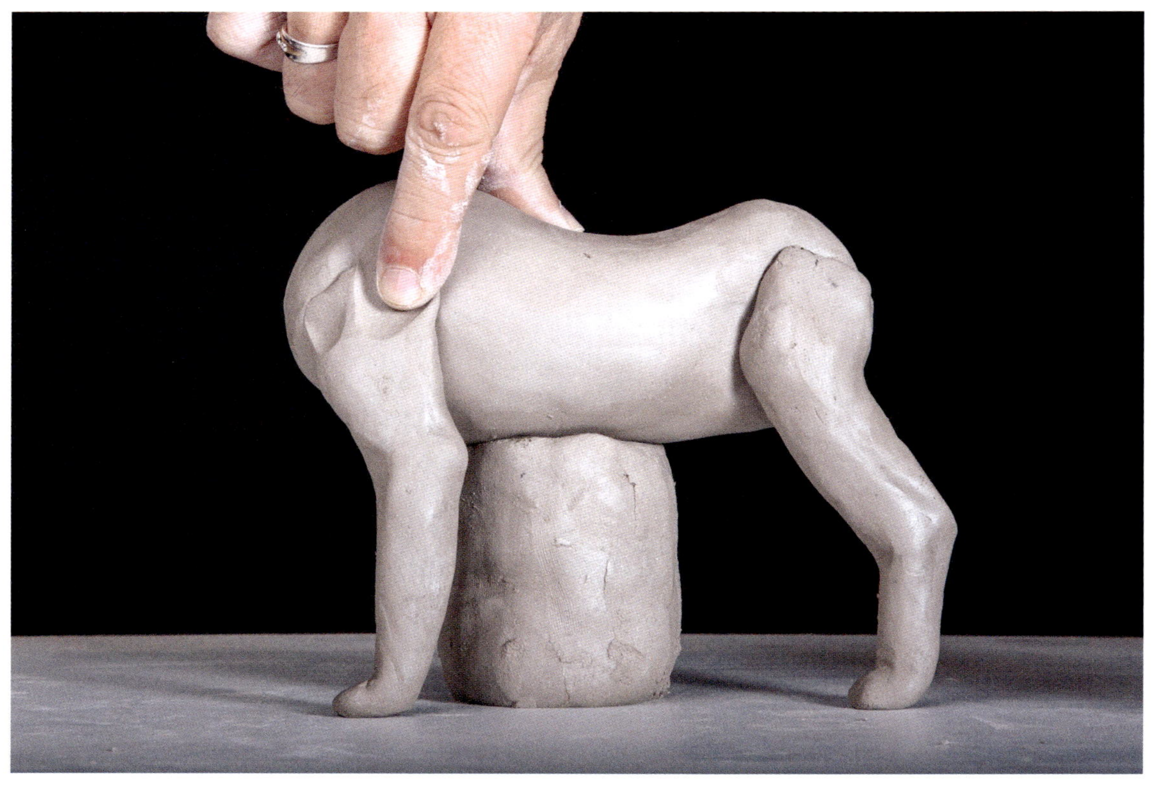

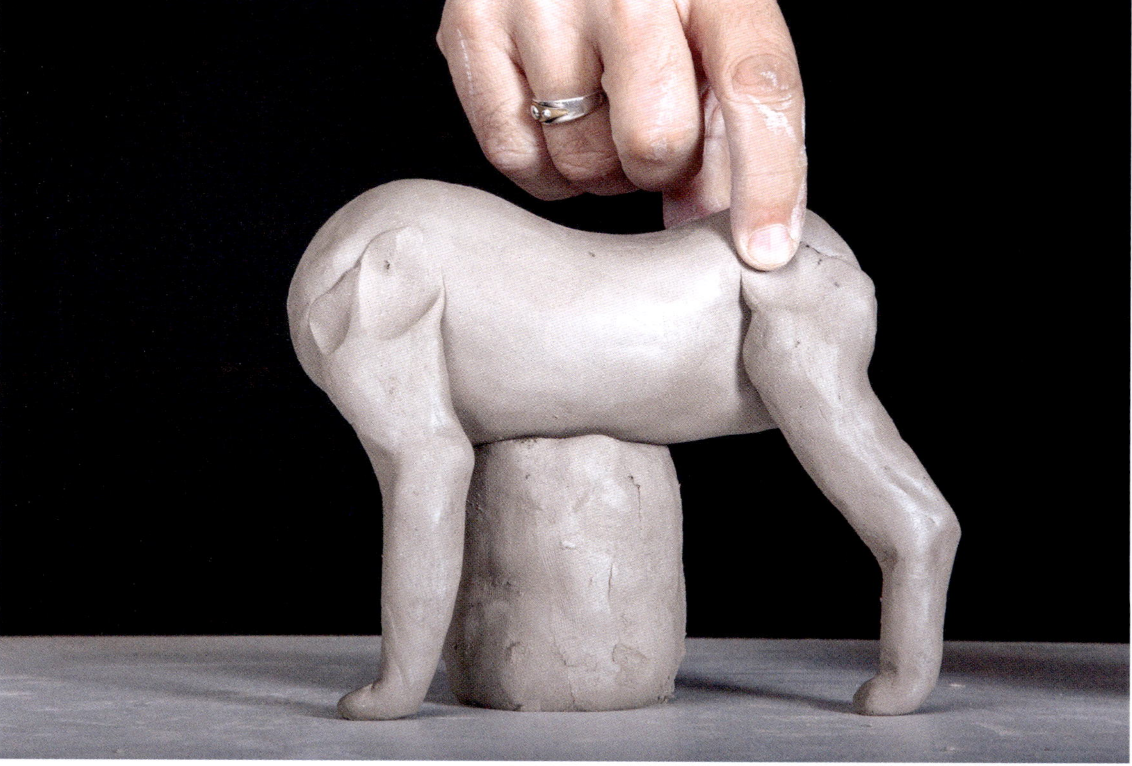

13 • Garnieren Sie Vorder- und Hinterbein fest an.

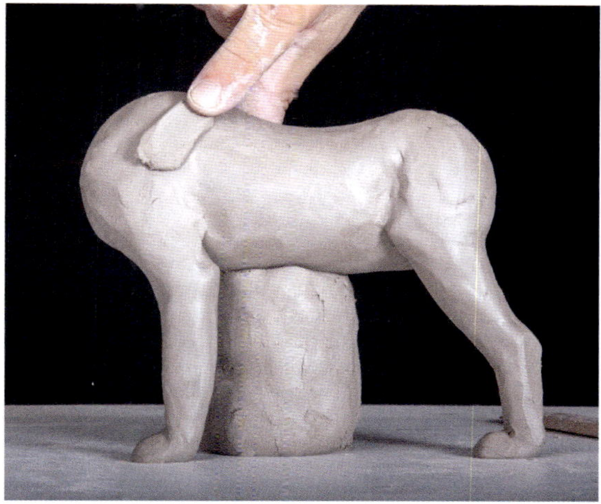

14 • Setzen Sie das Volumen des Schulterblattes an und verstreichen Sie es.

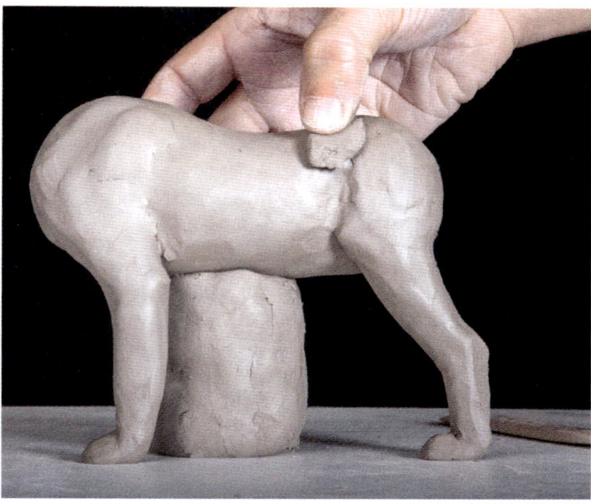

15 • Dann folgt das Volumen des oberen Beckens. Dadurch wird die Taille des Tieres deutlicher.

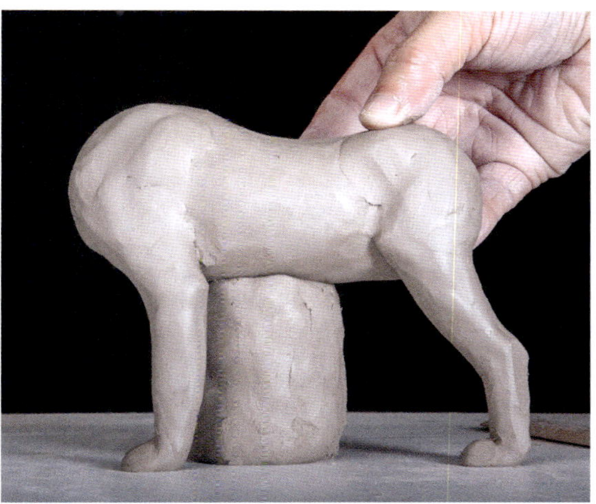

16 • Verstreichen Sie den zugefügten Ton, sodass er Teil des Ganzen wird.

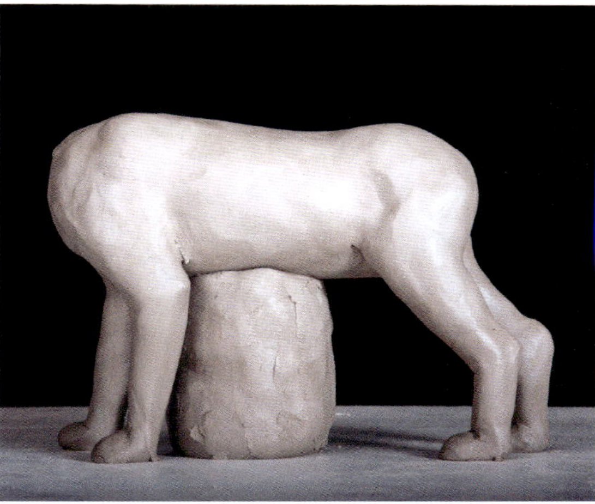

17 • Der Körper mit allen vier Pfoten.

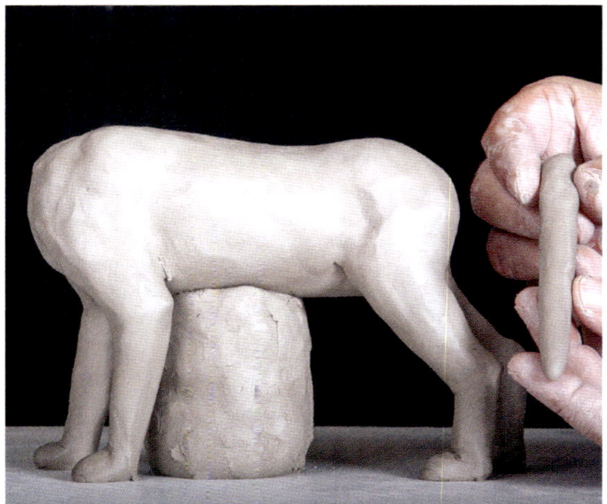

18 • Formen Sie den Schwanz aus einem dünnen, peitschenartigen Wulst.

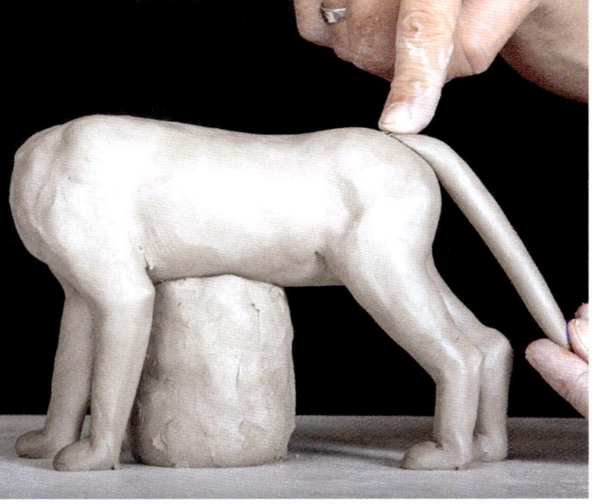

19 • Richten Sie ihn nach der Wirbelsäule aus und garnieren Sie ihn an.

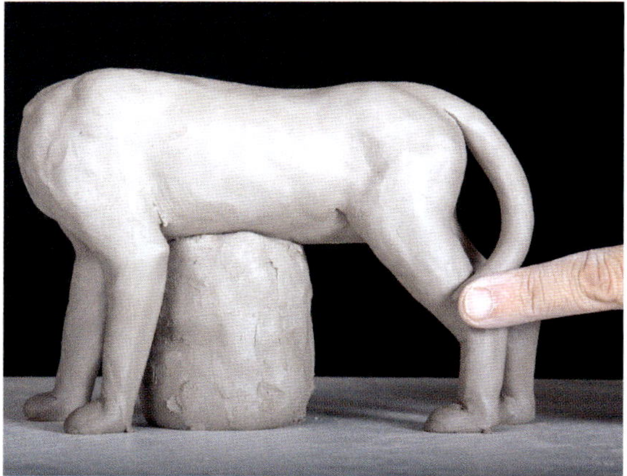

20 • Garnieren Sie auch das Ende des Schwanzes an eine Pfote, damit er nicht bricht.

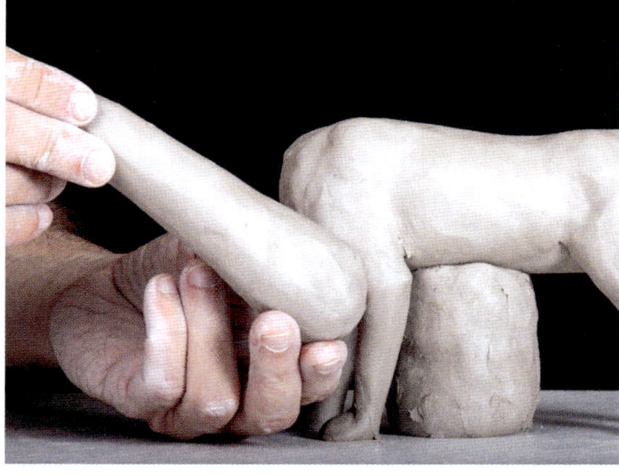

21 • Eine weitere Karotte bildet die Vorform von Hals und Kopf.

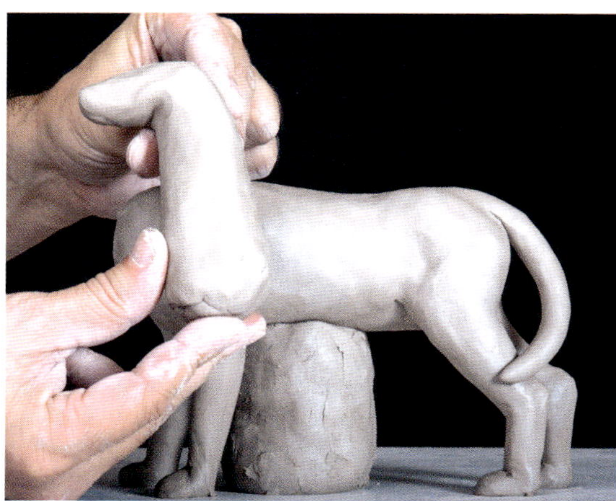

22 • Durch den Knick ist schon der Kopf erkennbar.

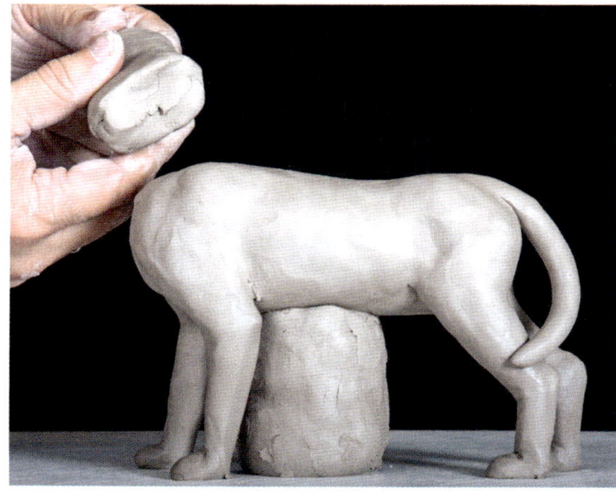

23 • Flachen Sie die Karotte leicht ab, sodass eine zylindrische Grundform entsteht.

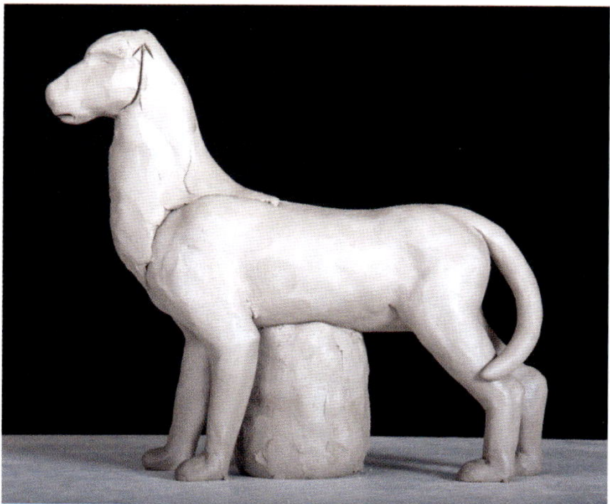

24 • Garnieren Sie die Form an und stellen Sie die Hauptvolumen des Kopfes her: Schädeldecke, Kaumuskeln, Schnauze und Augenhöhlen. Der Pfeil zeigt die Position des Ohres: genau in der Verlängerung des Kiefergelenks.

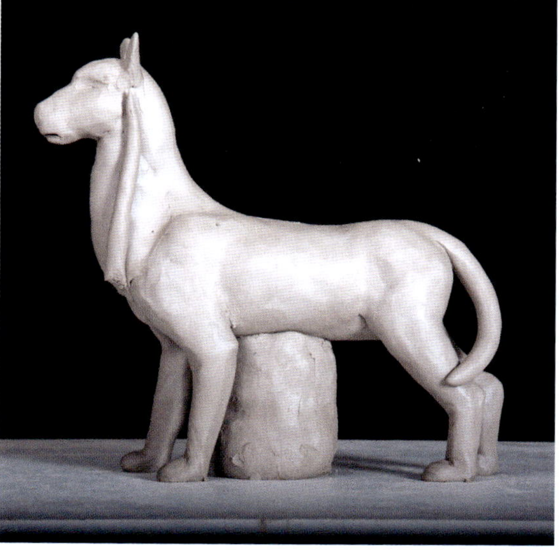

25 • Ohren und Halsmuskeln probeweise angesetzt.

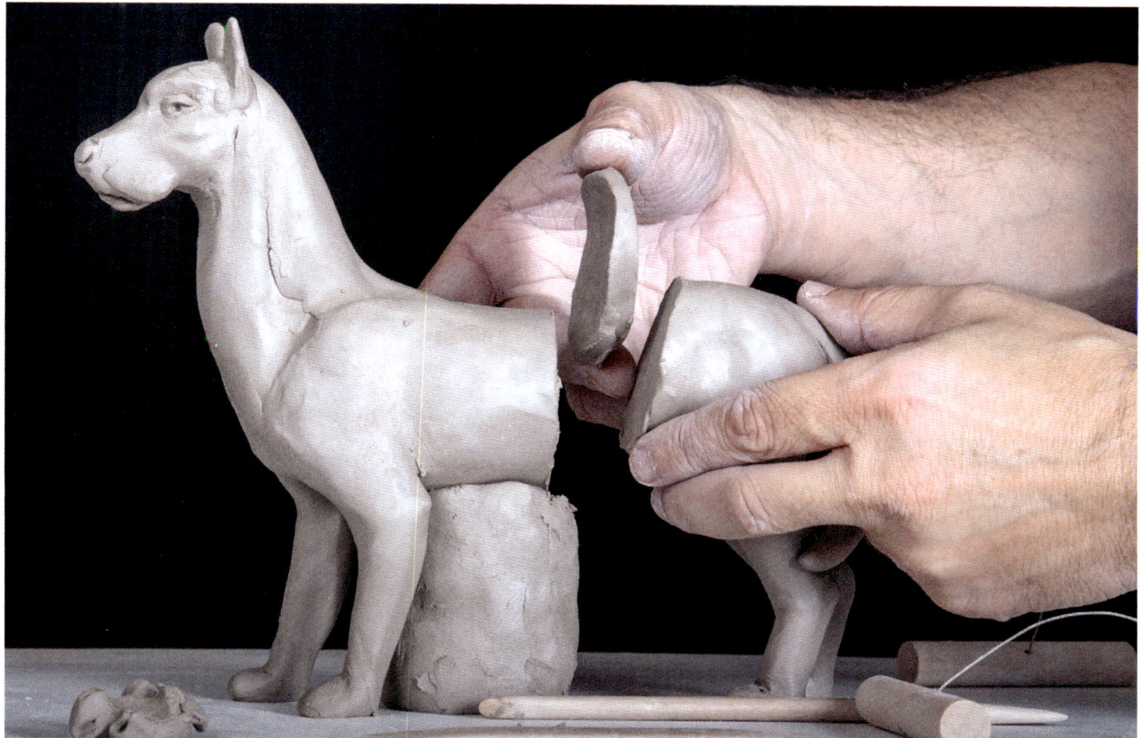

26 • Weil ich den Körper etwas zu lang finde, schneide ich eine Scheibe heraus, um das Gleichgewicht wieder herzustellen.

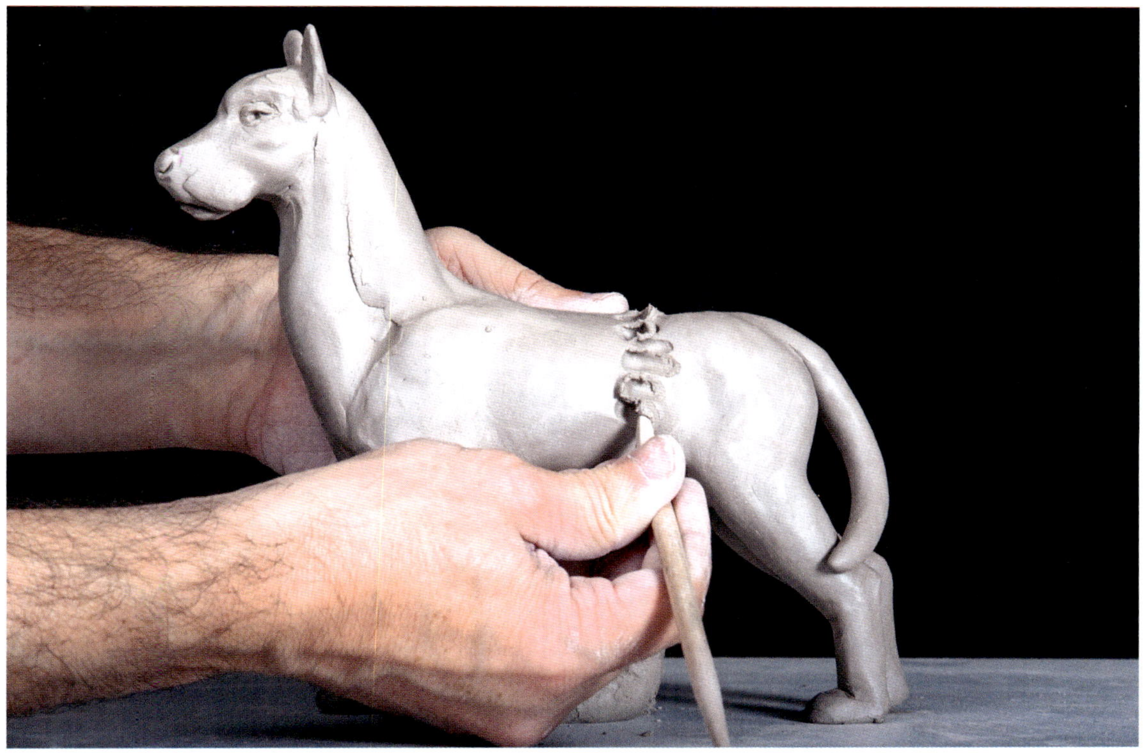

27 • Garnieren im „Reißverschlussverfahren".

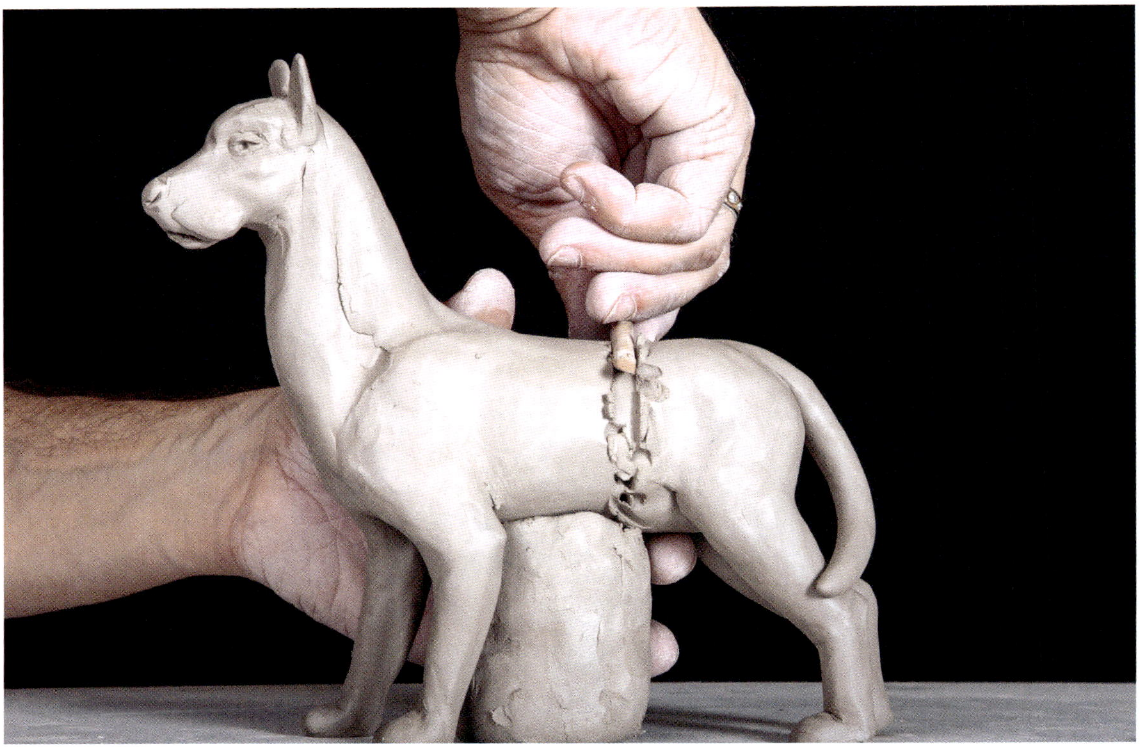

28 • Ziehen einer Furche.

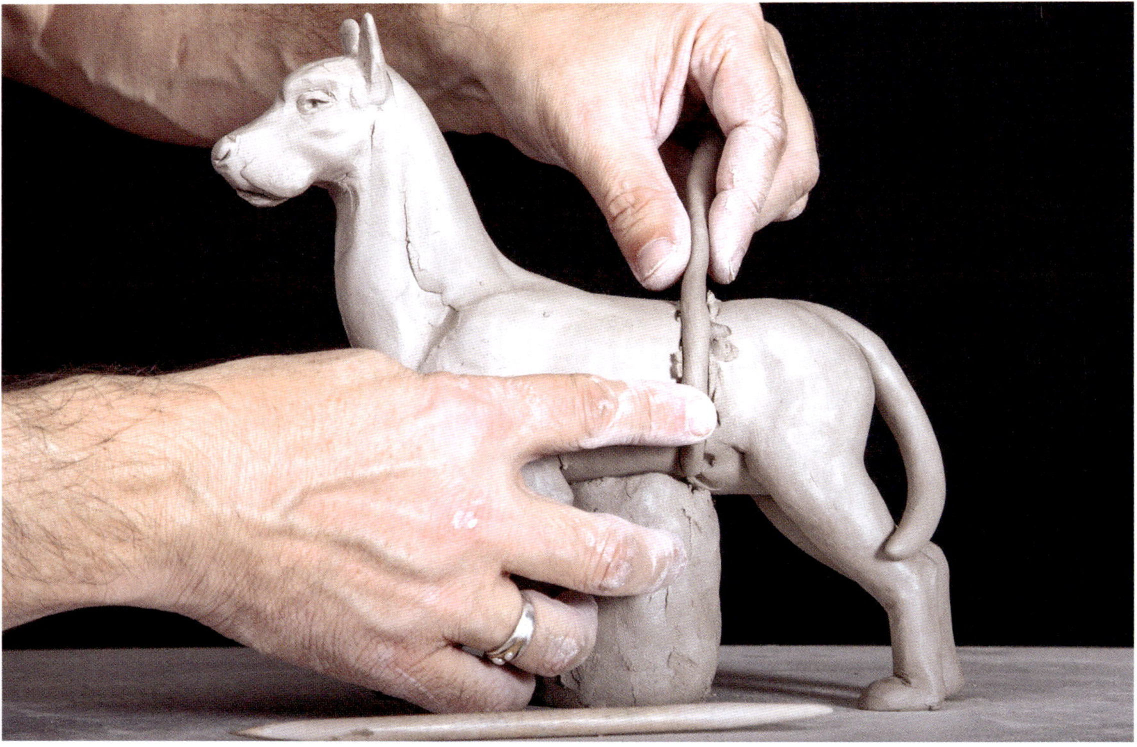

29 • Abschließend wird ein Tonwulst eingefügt, sodass eine feste Verbindung entsteht.

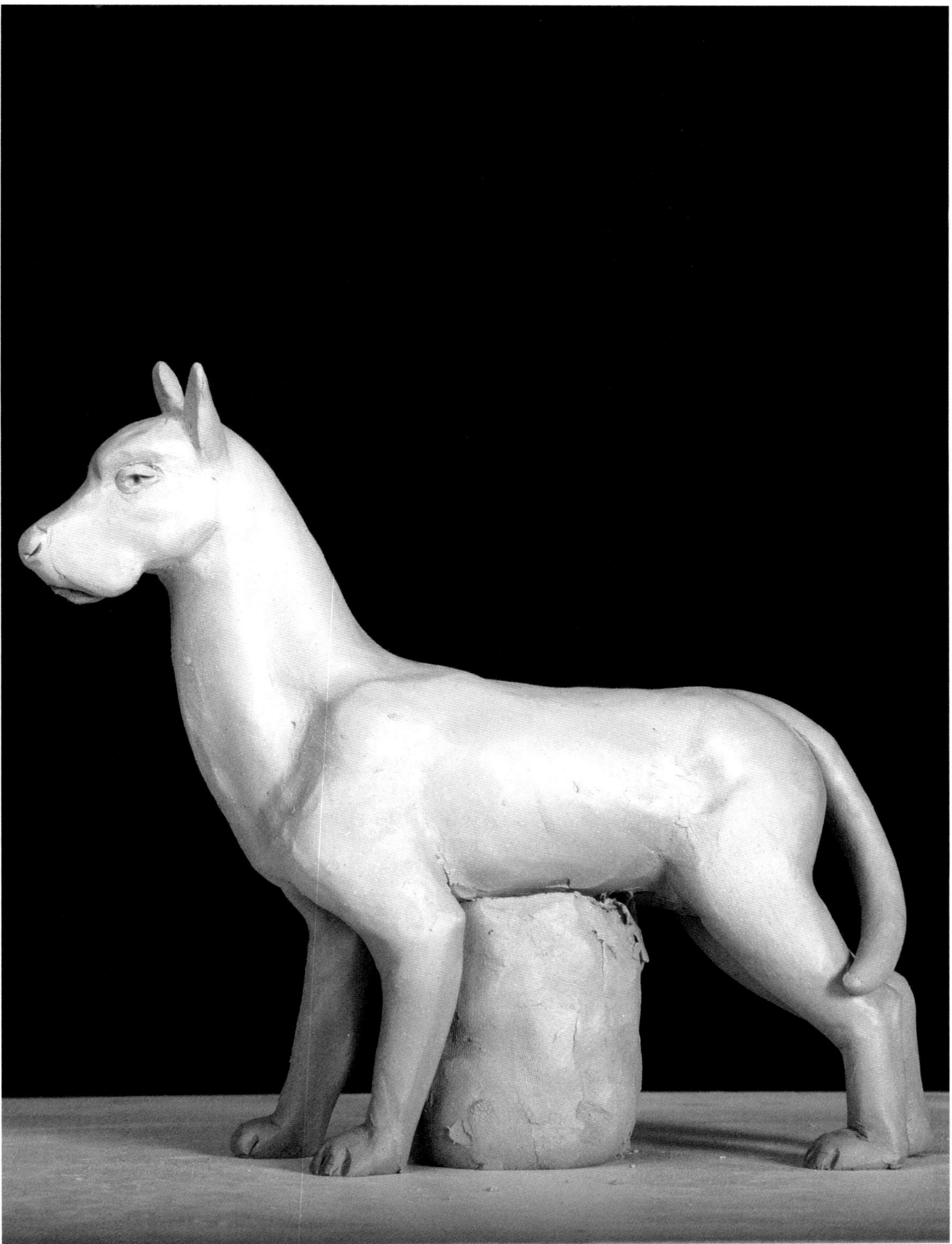

30 • Dieser erste Entwurf erfordert noch etwas Zeit, um die Proportionen anzupassen und fertigzustellen ... So sollten etwa die Beine etwas länger und der Hals etwas kürzer gestaltet werden. Aber hier ist ein zufriedenstellendes Ergebnis, das in weniger als einer Stunde modelliert wurde.

Anleitungen
DER BÄR

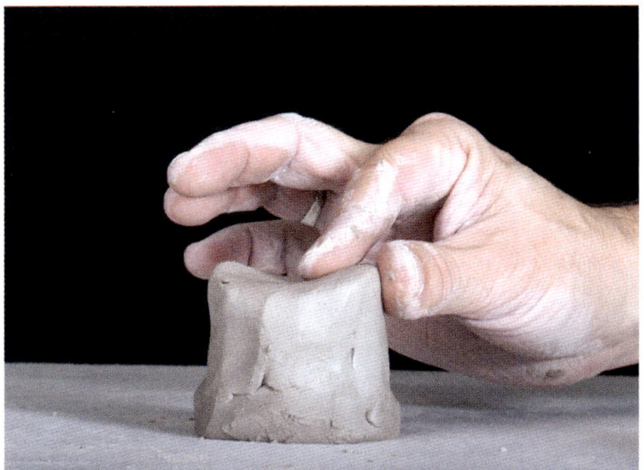

1 • Die Stütze erhält oben eine leichte Delle, damit das Objekt sein Gleichgewicht behält.

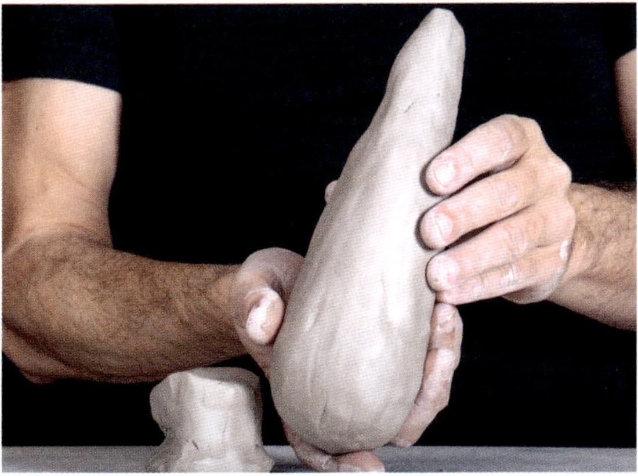

2 • Die Grundform ähnelt einer dicken Rübe.

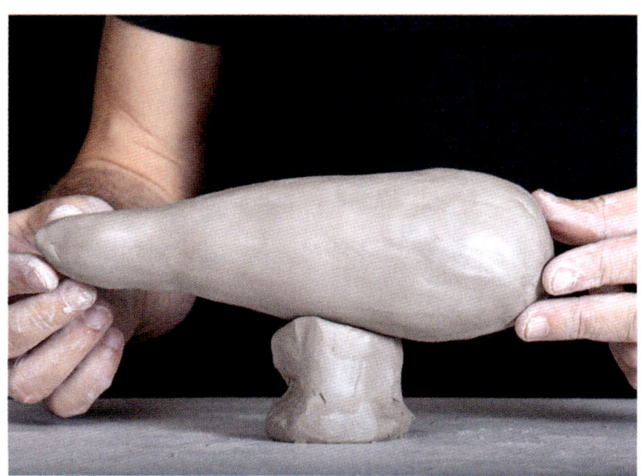

3 • Erstes Positionieren.

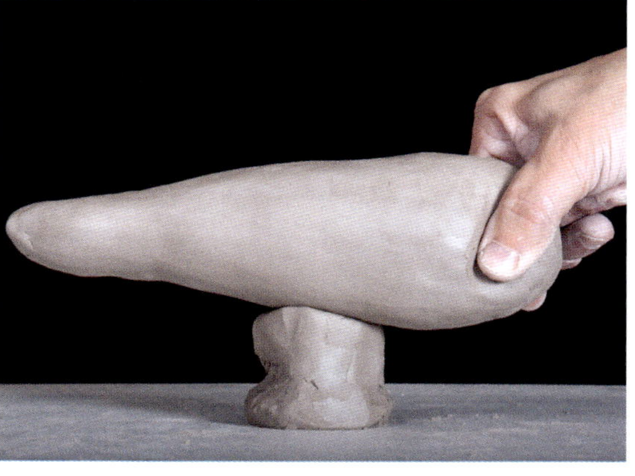

4 • Im hinteren Bereich entstehen durch Kneifen Aussparungen für das Ansetzen der Oberschenkel.

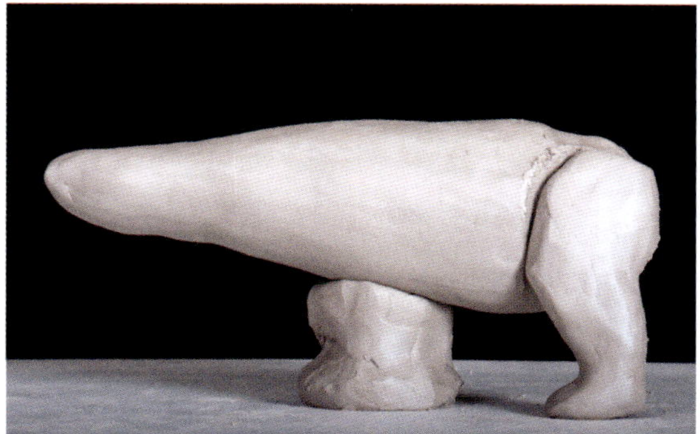

5 • Abermals ausgehend von einer Karotte formen Sie deutlich erkennbar das Knie und die Ferse. Hier berührt die Ferse den Boden, denn der Bär ist ein Sohlengänger.

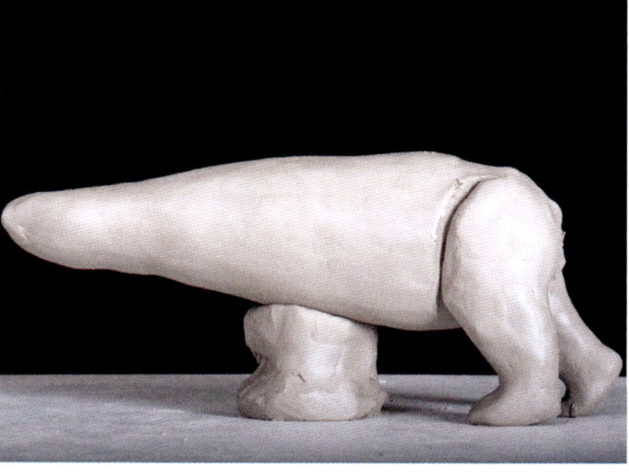

6 • Ansetzen des zweiten Beines.

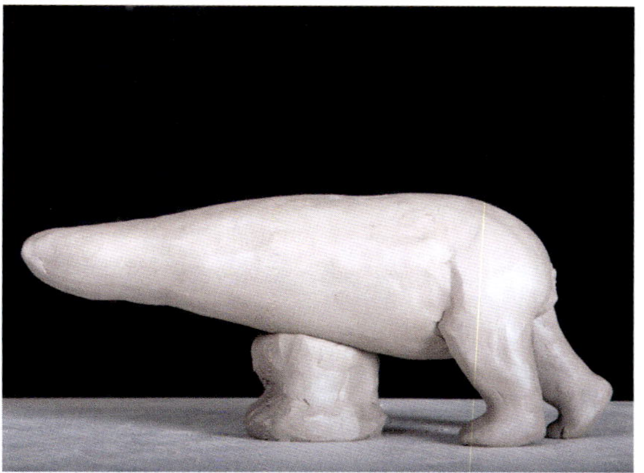

7 • Angarnieren.

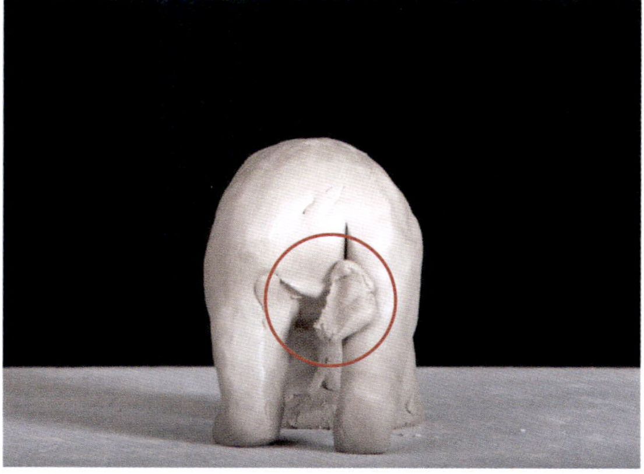

8 • Die Oberschenkel-Innenseite erhält zusätzliches Volumen, sodass das Hinterteil größer wird.

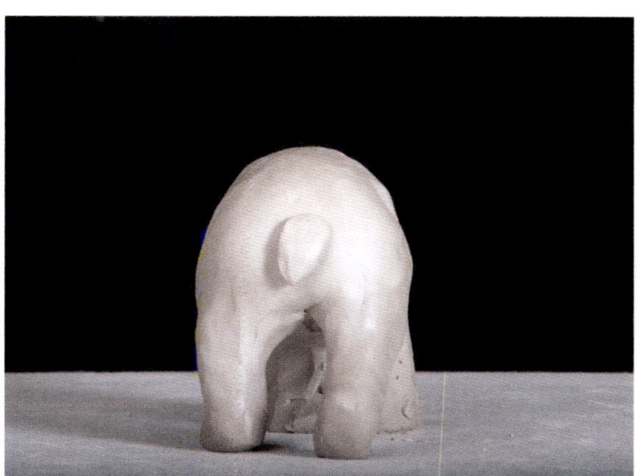

9 • Ansetzen des Schwanzes.

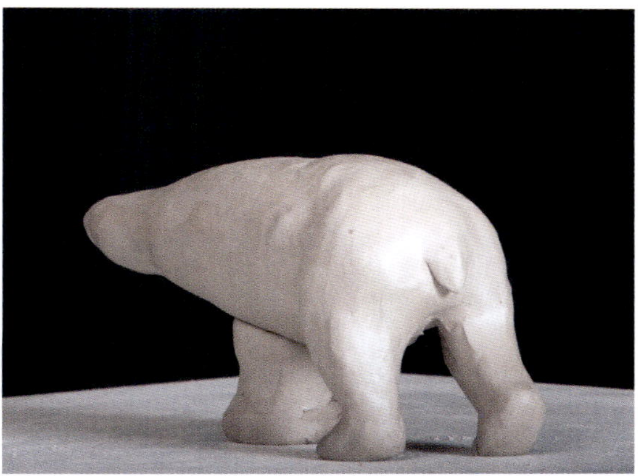

10 • Der Gang wirkt bereits „tapsig".

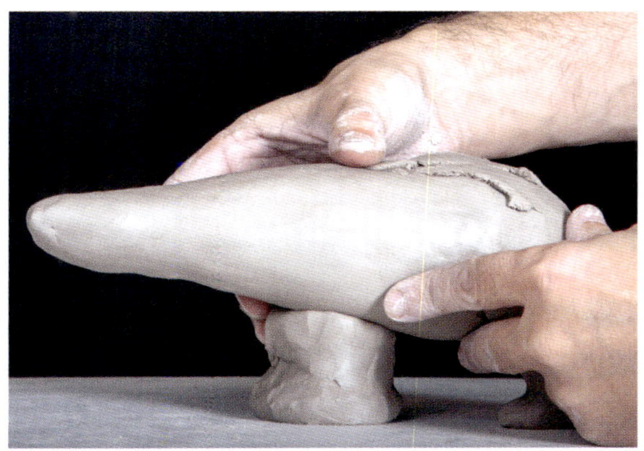

11 • Mehr Material wird angefügt, um das Hinterteil anzuheben.

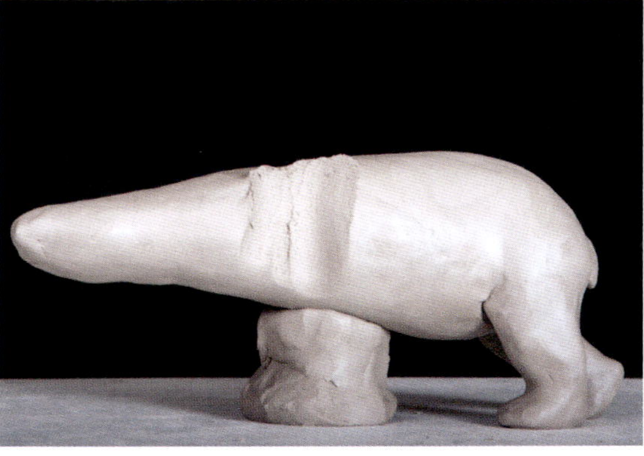

12 • Entfernen Sie Ton an der Stelle, wo die Vorderbeine angefügt werden sollen.

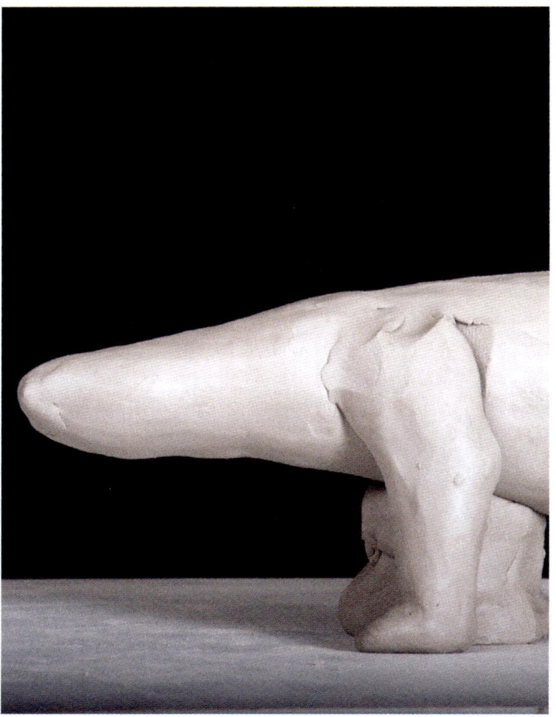

13 • Ausgehend von einer Karotte schaffen Sie durch Knicken deutlich erkennbar den Ellbogen und das Handgelenk. Letzteres berührt hier den Boden, denn der Bär ist ein Sohlengänger.

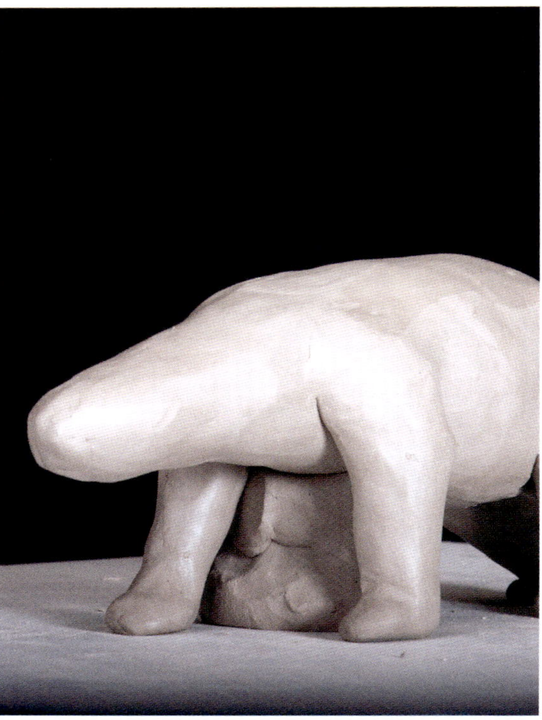

14 • Das angarnierte Vorderbein.

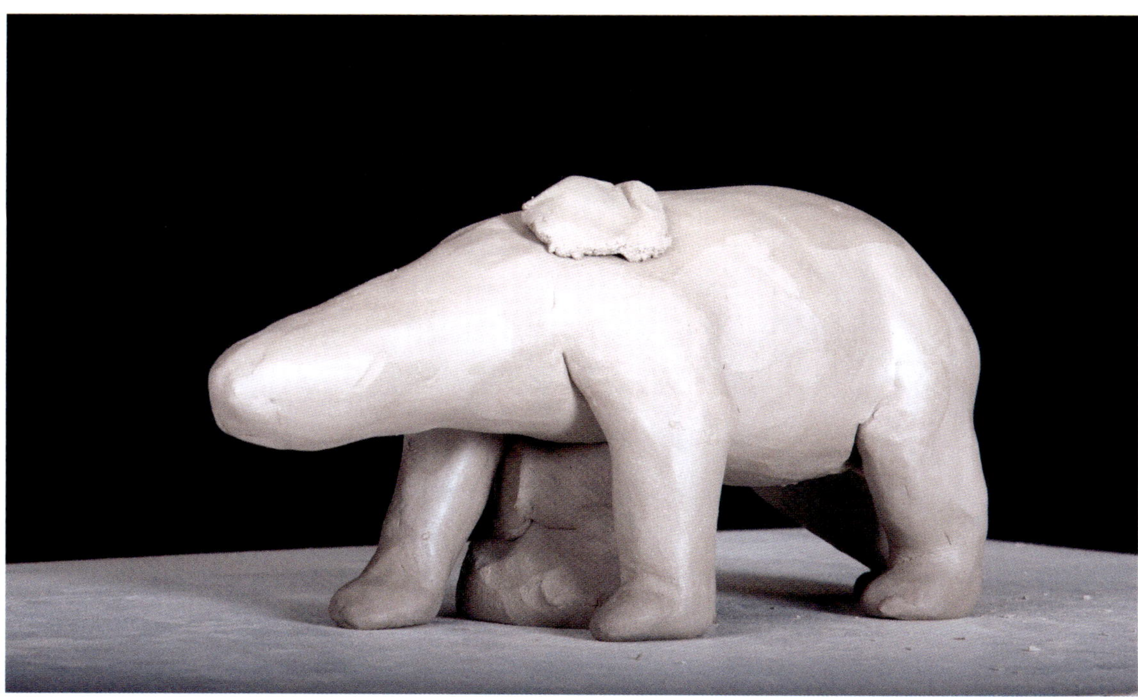

15 • Das Volumen des Schulterblattes wird hinzugefügt.

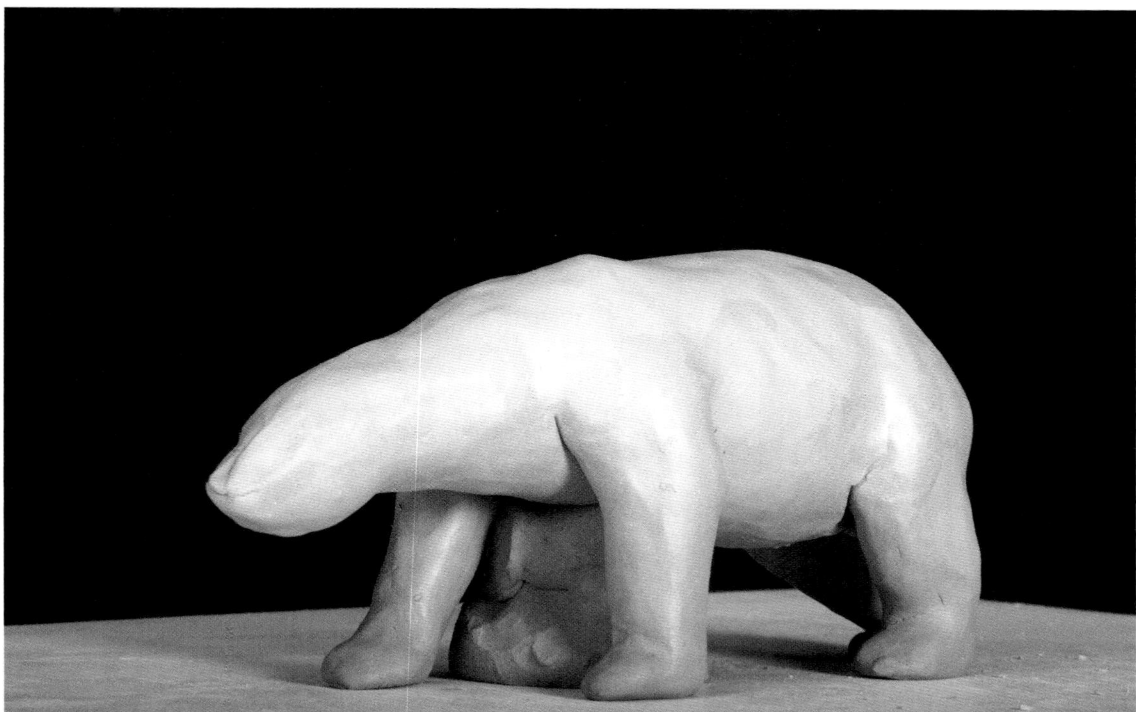

16 • Das Kopfvolumen wird durch eine einfache Biegung am Ende herausgearbeitet.

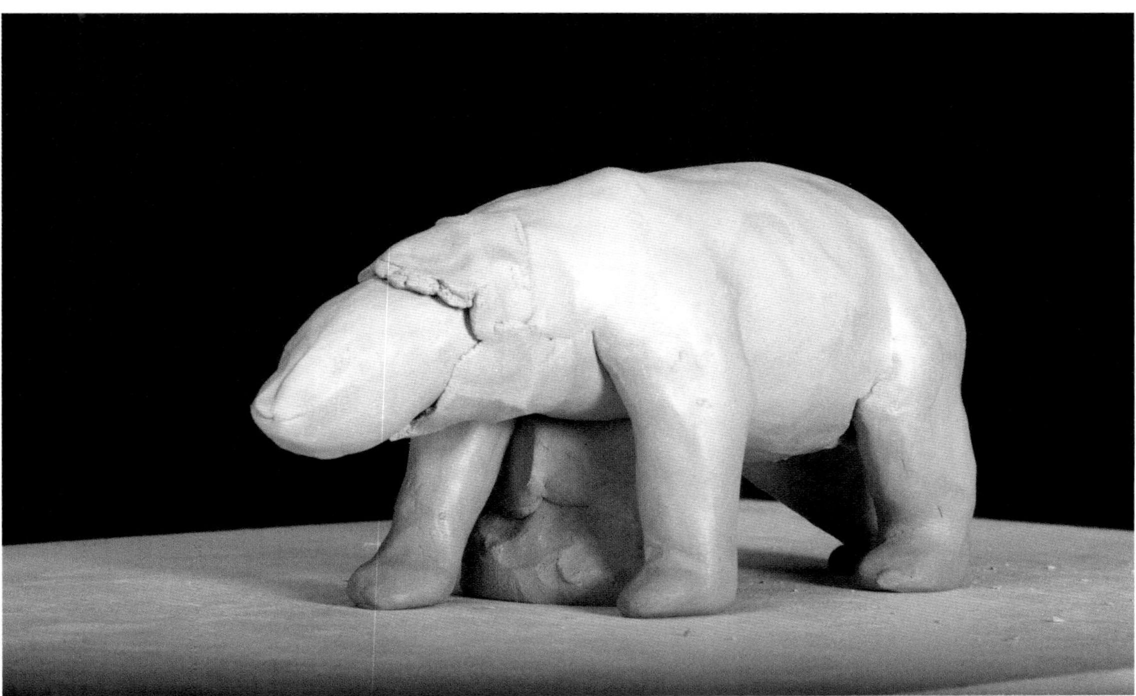

17 • Der Hals wird durch Hinzufügen von Material verstärkt. Dadurch wirkt das Fell dicker. Fügen Sie die Details nach dem Vorbild Ihres Modells hinzu.

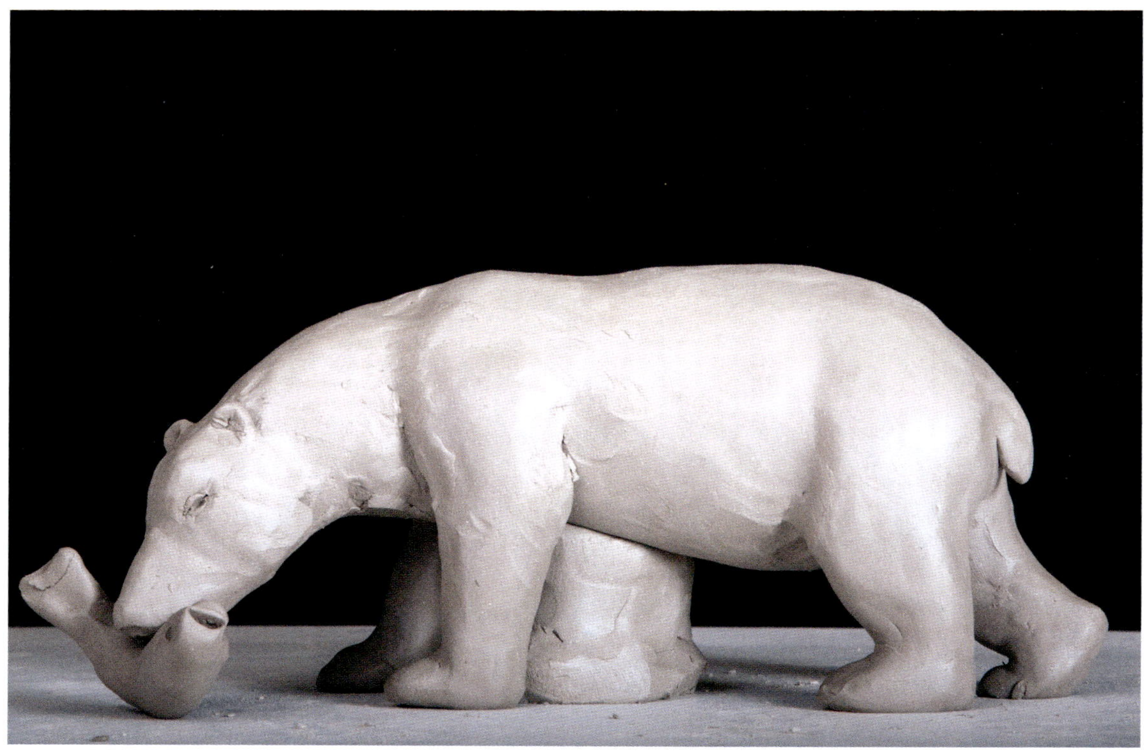

18 • Die Inszenierung. Hier mit einem Fisch als Mahlzeit für unseren Bären.

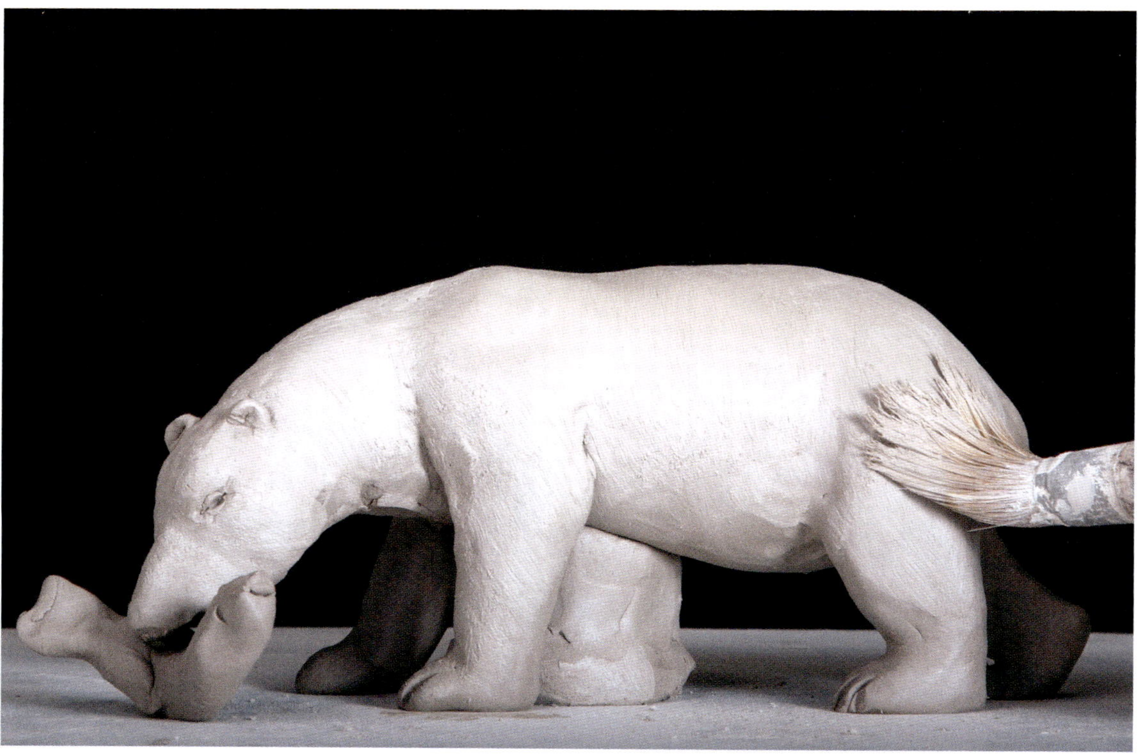

19 • Die Struktur des Pelzes schaffen wir durch Bestreichen mit einem feuchten Pinsel. Aber mit dem Strich, denn Bären sind empfindlich!

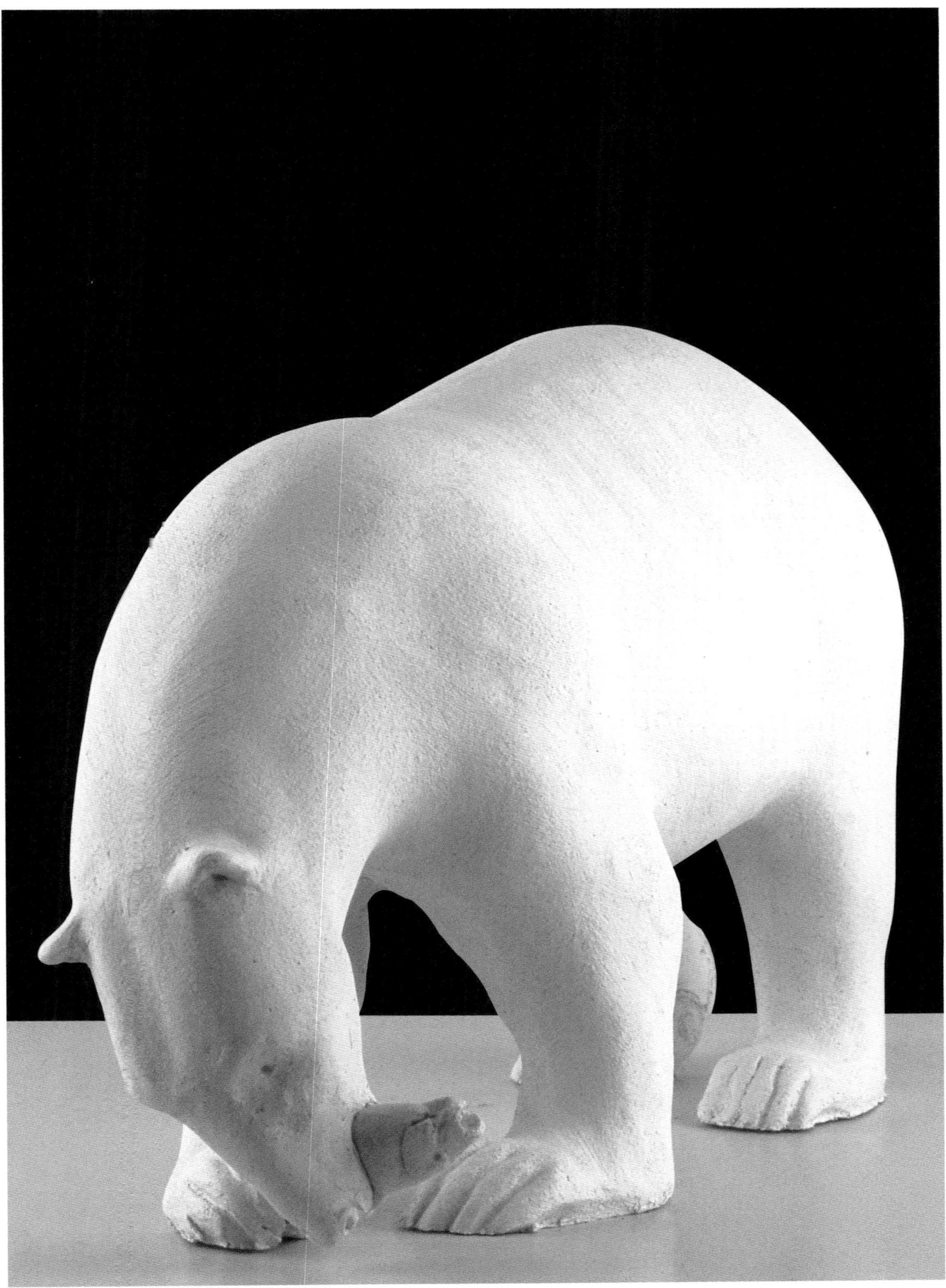

Der Bär (Philippe Chazot), gebrannter Ton.

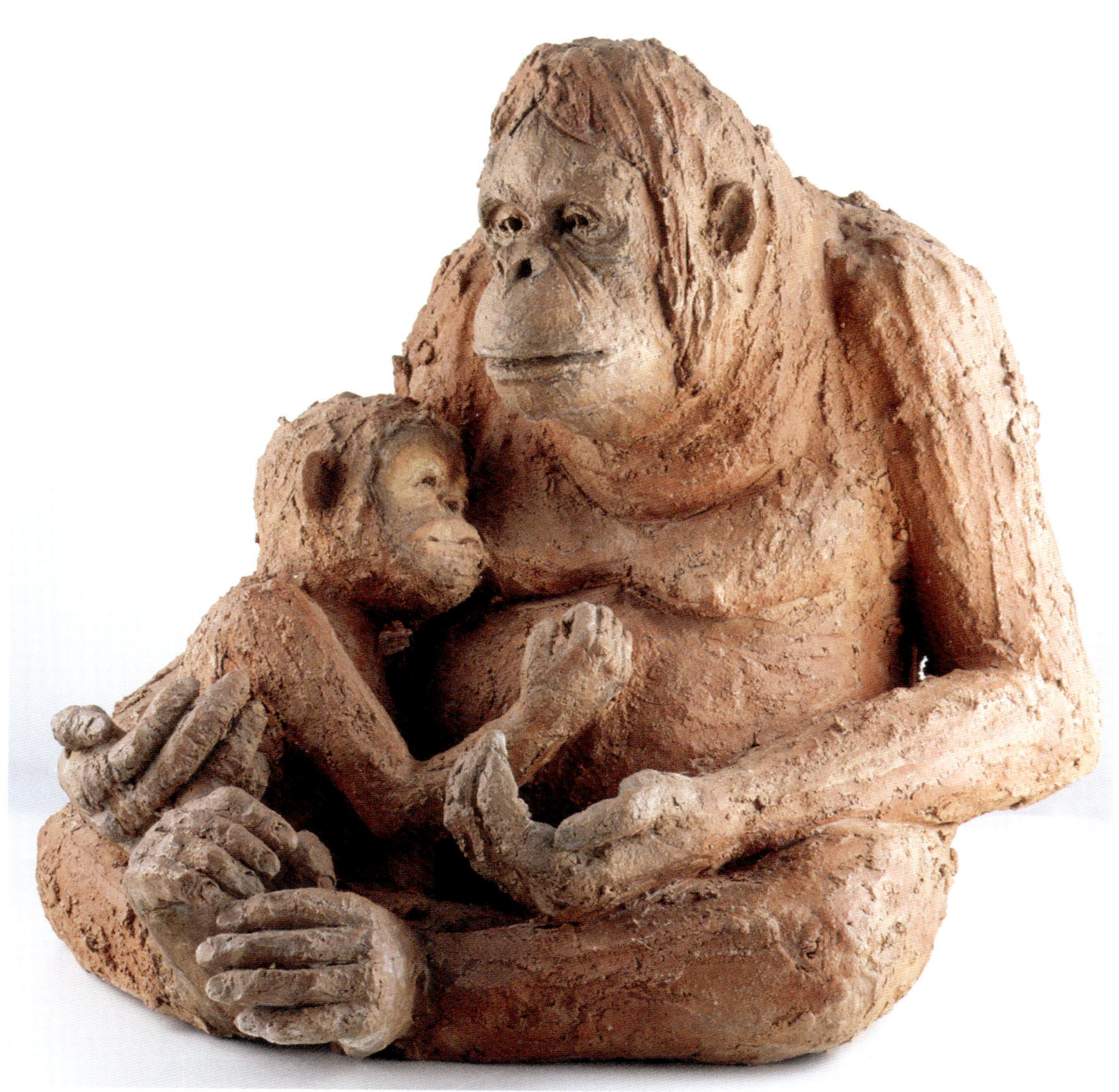

Orang-Utan mit Kind (Christine Aguilar), gebrannter und patinierter Ton.

Die Tierbabys

Es gibt – soweit ich weiß – keine Regeln für die Darstellung des Tierkörpers, wie es sie für Menschen gibt. Sicher, jede Rasse hat eigene Kriterien, anhand derer die Juroren auf Tierschauen Standards festlegen. Aber das betrifft nur eine Minderheit, nämlich die Haustiere.

Wenn Sie sich mit den menschlichen Proportionen in Abhängigkeit vom Alter beschäftigt haben, wissen Sie, dass die am häufigsten benutzte Maßeinheit die Höhe des Kopfes ist, denn das ist sehr praktisch. Diese Einheit vervielfacht sich, je mehr das Objekt sich vom Säugling zum Erwachsenen entwickelt: vom Faktor 4 bei der Geburt bis zu etwa 8 zum Ende des Wachstums. Das bedeutet, dass die relative Größe des Kopfes beim Wachsen geringer wird. Die Proportion – nicht der Kopf!

Bei Tierbabys ist das nicht anders. Der Kopf erscheint groß im Vergleich zum Körper und die Gliedmaßen kurz. Die Gesichtszüge sind weicher und die Körpermasse weniger muskulös, eher gedrungen.

Unten:
Junger Elefant (Philippe Chazot), gebrannter Ton.

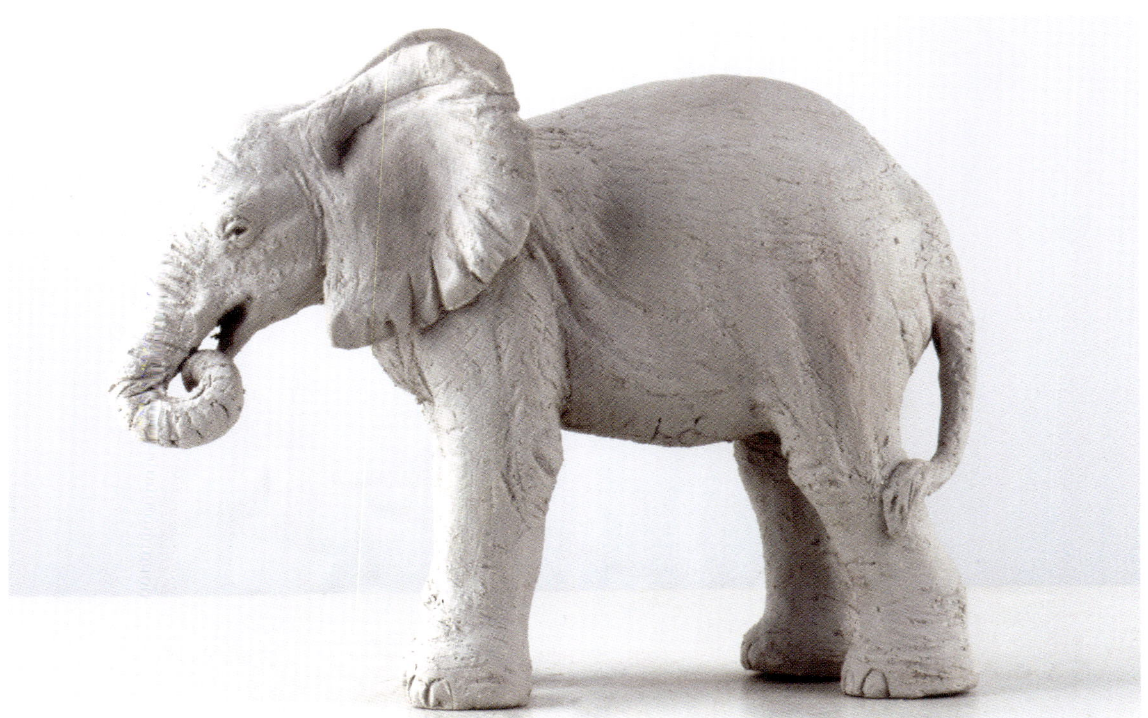

ÜBEN SIE!

Eine gute Übung besteht darin, sich an einem erwachsenen Modell zu orientieren und es nur anhand dieser Informationen bis ins Babyalter zu verjüngen. Das macht auch großen Spaß. Und es ist immer wieder erstaunlich, wenn man anschließend das Ergebnis mit dem Foto des sehr jungen, studierten Tieres vergleicht. Das ist nicht nur sehr lustig, sondern auch lehrreich, denn so entwickelt sich das logische Denken und das visuelle Gedächtnis.

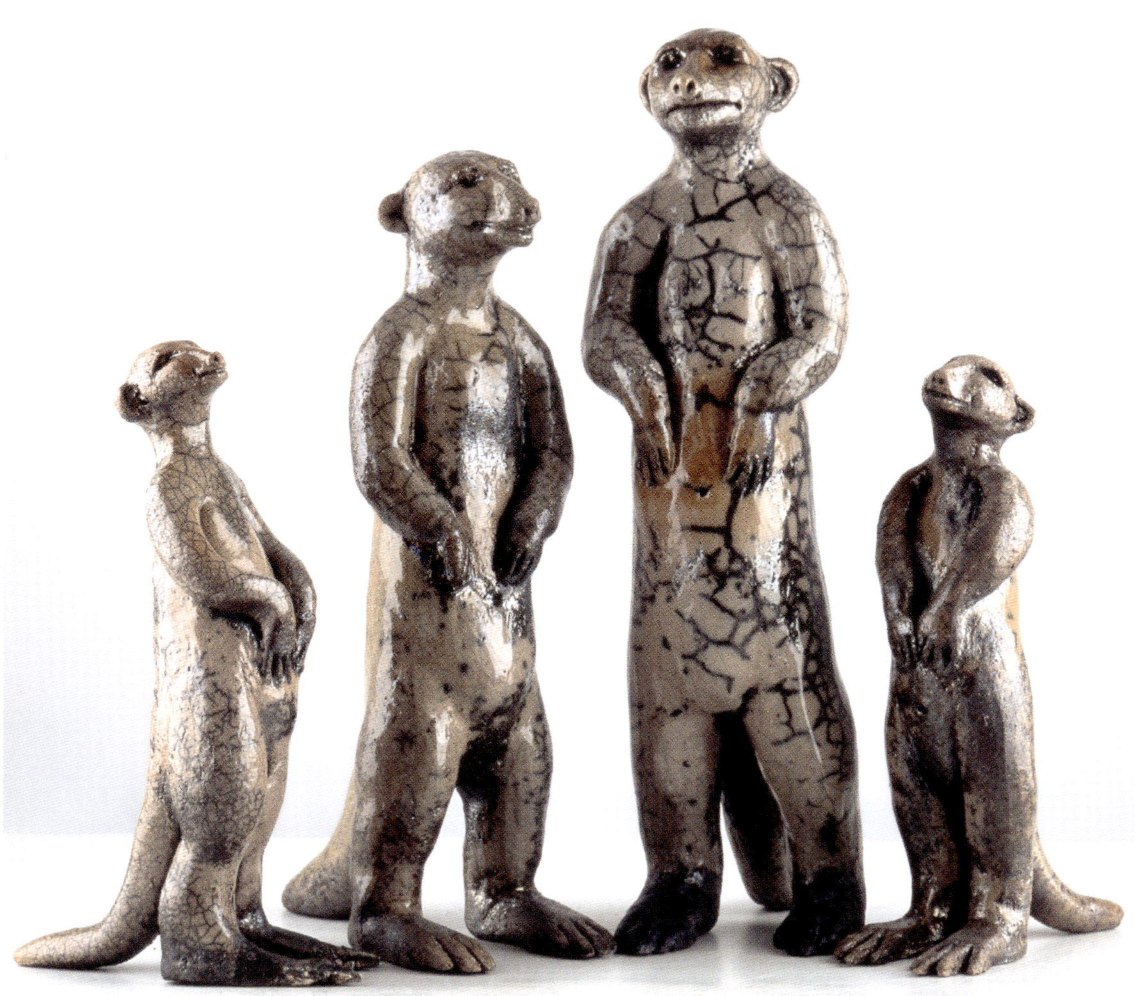

Erdmännchen-Familie (Françoise Louisin), Raku.

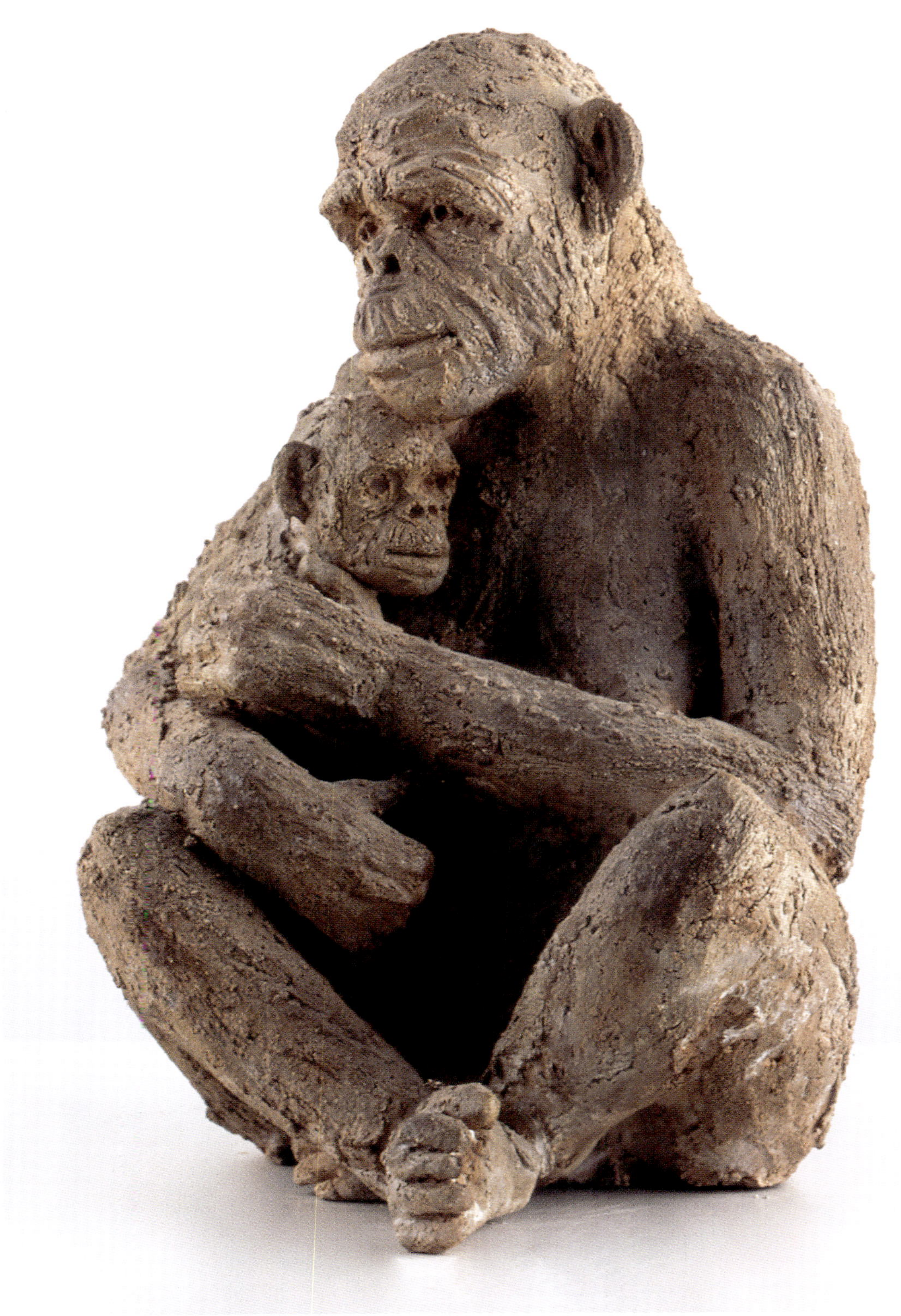

Schimpanse mit Kind (Christine Aguilar), gebrannter und patinierter Ton.

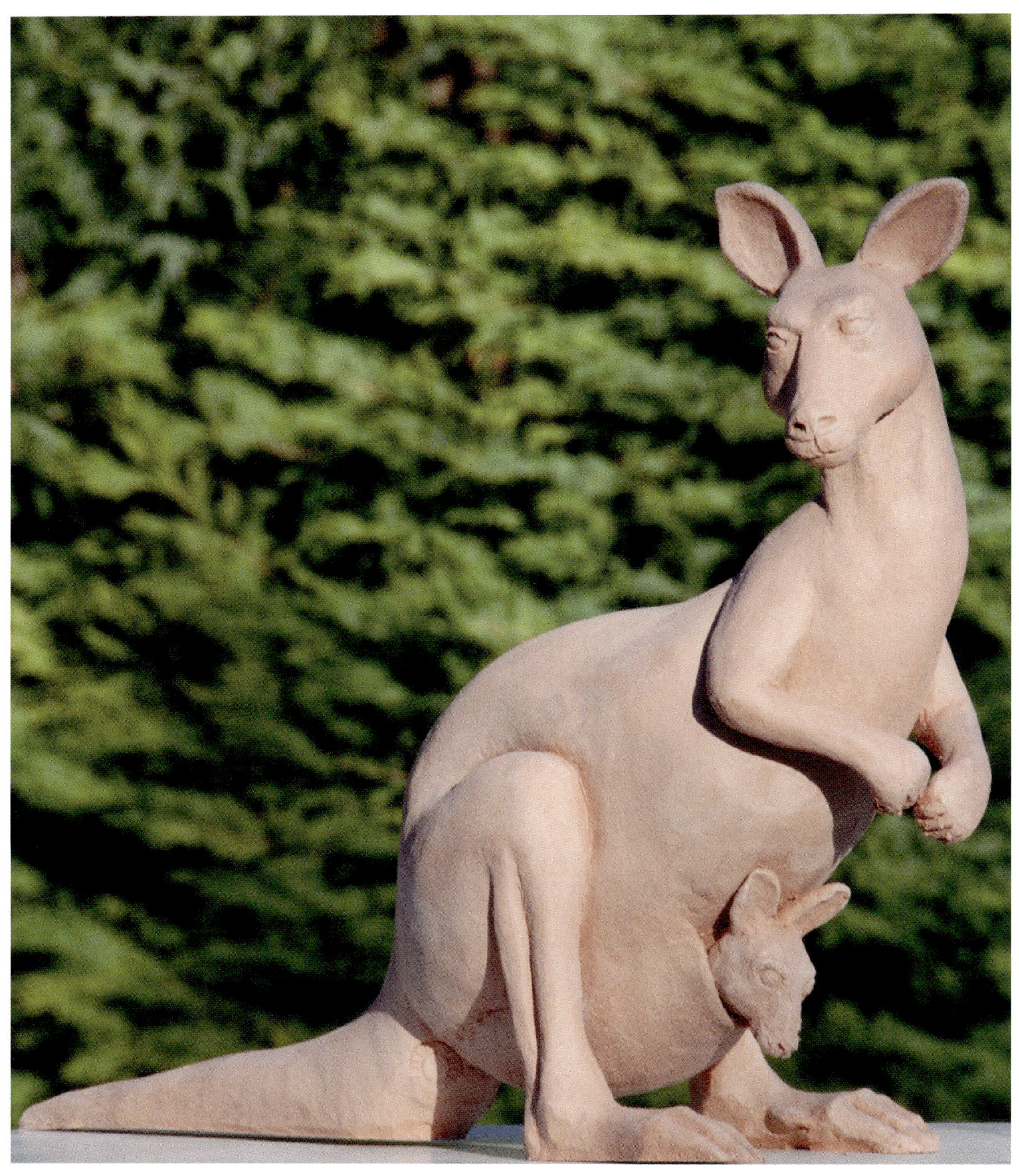

Känguruh mit seinem Jungen (Mireille Lescouet), gebrannter Ton.

Den Entwurf beleben

Es versteht sich von selbst, dass die Gliedmaßen gleichzeitig paarweise modelliert werden. Das sorgt für ein Gleichgewicht der Massen und für die allgemeine Symmetrie. Wenn das Tier stehend wiedergegeben wird, ist das ziemlich leicht. Und wenn es nicht in Bewegung ist, erst recht!

Unten:
Dromedar (Cathy Caffort), gebrannter und patinierter Ton. Tier in stehender Pose.

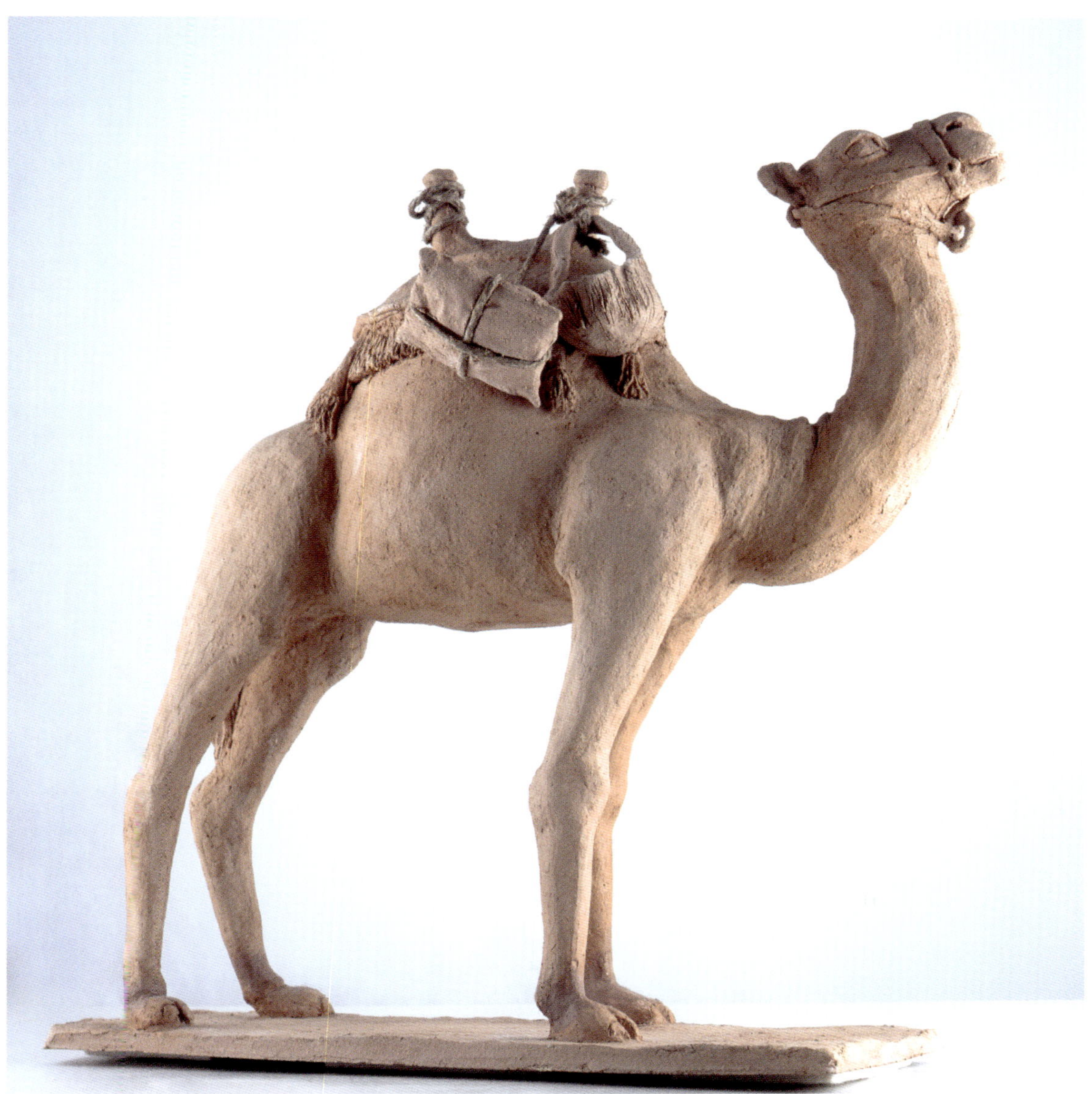

DIE BEWEGUNG

Will man seinem Objekt Bewegung, also Leben verleihen, ist man gezwungen, die Symmetrie der Haltung aufzubrechen.

Um sich dessen bewusst zu werden, schlage ich Ihnen eine Übung vor. Gehen Sie. Aber ja, nur zu, gehen Sie ... Beobachten Sie, wie Ihre Arme mit dem gegenüberliegenden Bein mitschwingen. Beim Tier ist das nicht anders. Abgesehen davon, dass all seine Pfoten den Boden berühren.

Will man ein in Bewegung befindliches Tier darstellen, muss man seine Gewohnheiten und Gesten kennen. Die meisten bewegen beim Gehen immer nur ein Bein gleichzeitig: Wir stellen sie dar mit drei Beinen am Boden und einem in der Luft. Ebenso gehen wir beim Laufen vor.

Was den Sprung angeht, so behelfen wir uns am besten mit einer Stütze, die nicht wie eine aussieht: ein Hindernis, das den Bauch streift, eine Hecke, ein Fels, ein Baumstamm. Möglich ist aber auch die Verwendung eines Metallstabes, der mit einem Ende in der Seite oder im Rumpf steckt und mit dem anderen in einem Block aus Stein, Holz oder Metall.

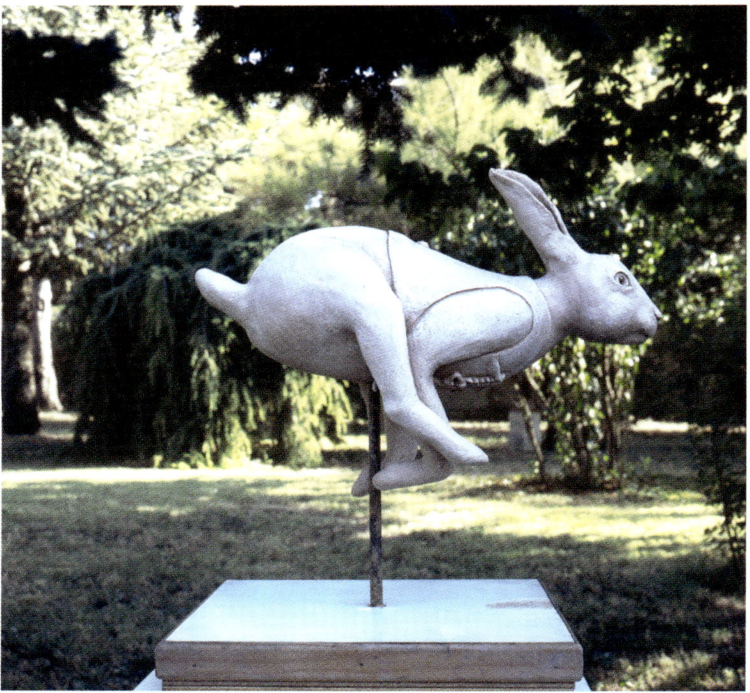

Beispiel für eine Stütze.

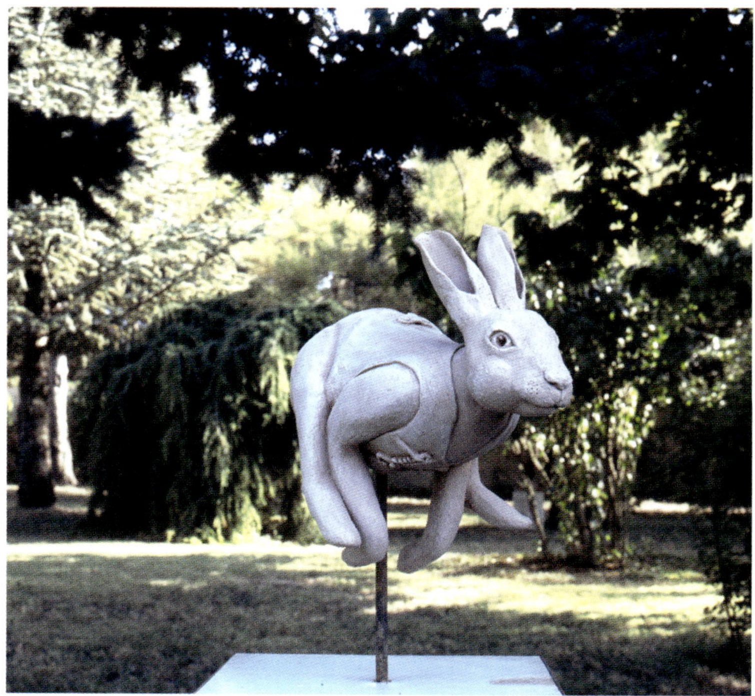

Der verspätete Hase (Céline Faure), gebrannter Ton.

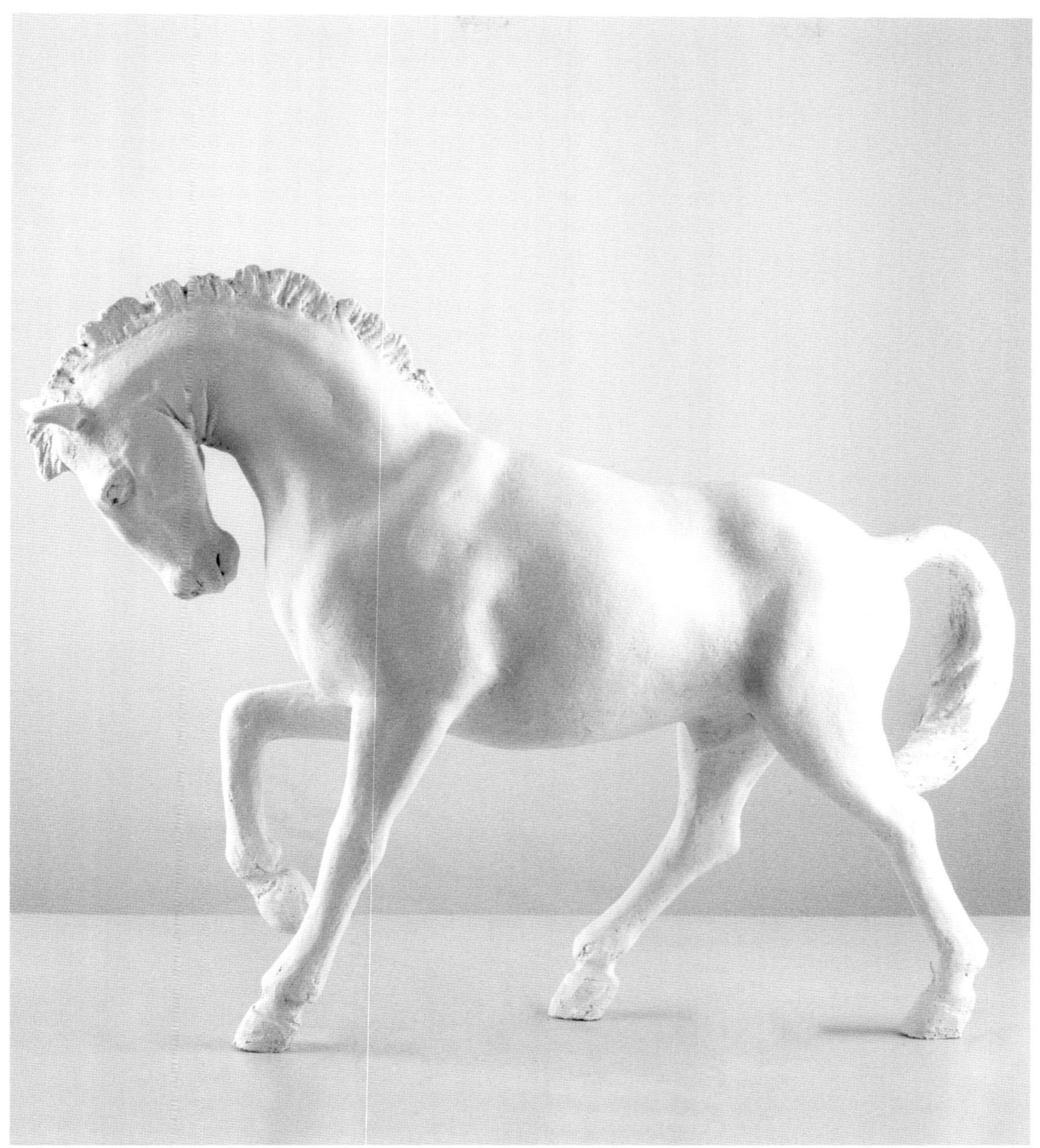

Pferd (Philippe Chazot), gebrannter und patinierter Ton.

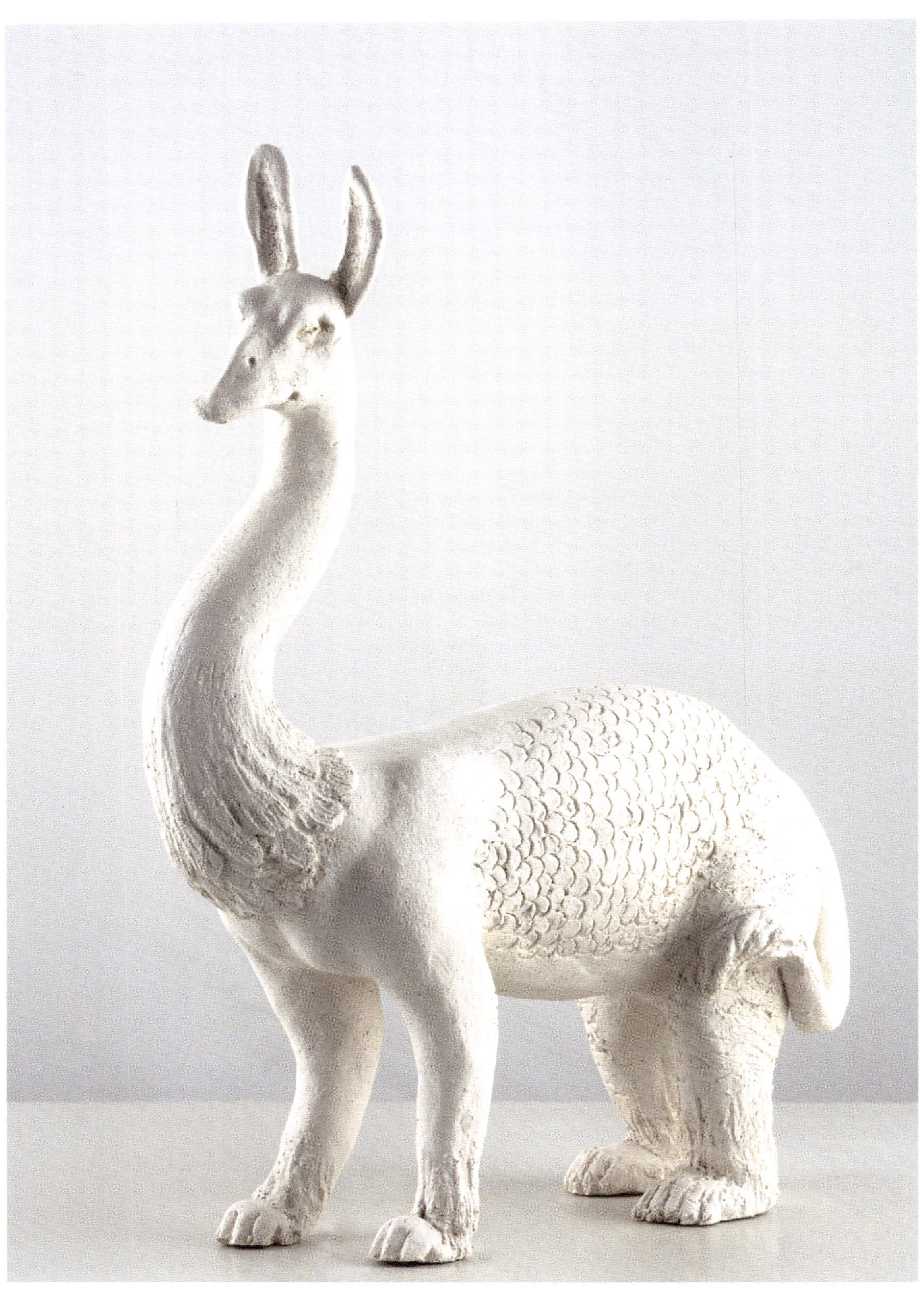

Fantasietier im Rahmen des erwähnten Spiels modelliert, von Philippe Chazot, gebrannter grober Ton.

Chimären

Welche Versuchung, ein eigenes Tier zu erfinden, sich als Schöpfer zu fühlen! Die Geschichte weist viele Beispiele auf, die Mythologie jeder Epoche weltweit ist voll von fantastischen und geheimnisvollen Wesen. Das reicht vom Zentaur zum Minotaurus, über die grässlichen Sirenen bis hin zu Drachen, dem beliebten Dahu und den heutigen Aliens. Aber vergessen wir auch nicht die Tiere aus der Urzeit, deren Aussehen wir lediglich erahnen können ...

Damit ein Fantasietier glaubhaft wirkt, kommt es in erster Linie darauf an, diejenigen Tiere zu kennen, die es bereits gibt. Nehmen wir beispielsweise den Drachen. Er ist furchterregend, weil er glaubwürdig ist: Er verfügt über einen Oberkörper mit einem Brustkorb, einen Bauch, ein Becken, gelenkige Beine, einen Schwanz, einen Hals und einen Kopf. Das gleiche gilt für die meisten Aliens, die dafür sorgen, dass bei den Zuschauern und Zuschauerinnen im Kino die Herzen schneller schlagen und der Atem schneller geht.

Die Idee ist einfach, aber sie funktioniert schon seit Jahrhunderten hervorragend. Also, warum nicht einen Versuch starten? Ein Spiel, das Jung und Alt begeistert, besteht darin, ein Fantasietier aus Elementen von Tieren zusammenzusetzen, die es bereits gibt. Auf kleinen Zetteln werden Tiernamen notiert. Einer pro Zettel. Dann werden die Zettel gemischt und nach und nach im Verlauf der Konstruktion der Details gezogen. Daraus könnte sich etwa ergeben: Der Körper eines Fisches mit dem Hals eines Schwans, dem Kopf einer Ente, den Ohren eines Hasen, den Hinterbeinen eines Elefanten, den Füßen eines Bären, den Vorderpfoten einer Katze und dem Schwanz eines Löwen ... Auch wenn Ihnen der Zufall nicht die geniale Idee bringt, verbringen Sie so doch eine lustige Zeit und schärfen gleichzeitig Ihren Blick.

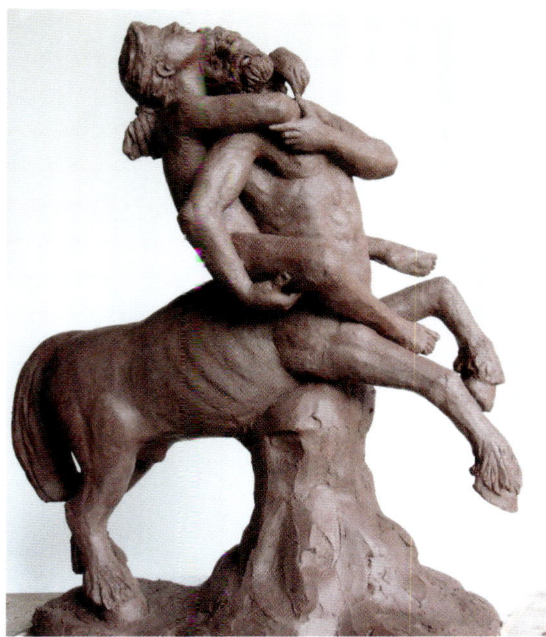

Die Entführung durch den Zentaur (Philippe Chazot), gebrannter und patinierter Ton.

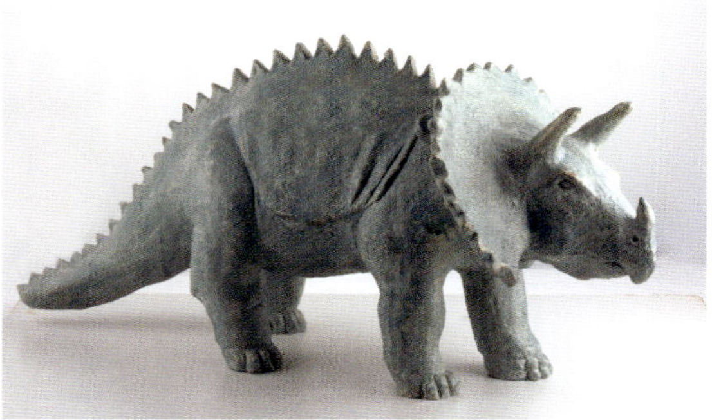

Triceratops (Françoise Louisin), gebrannter und patinierter Ton.

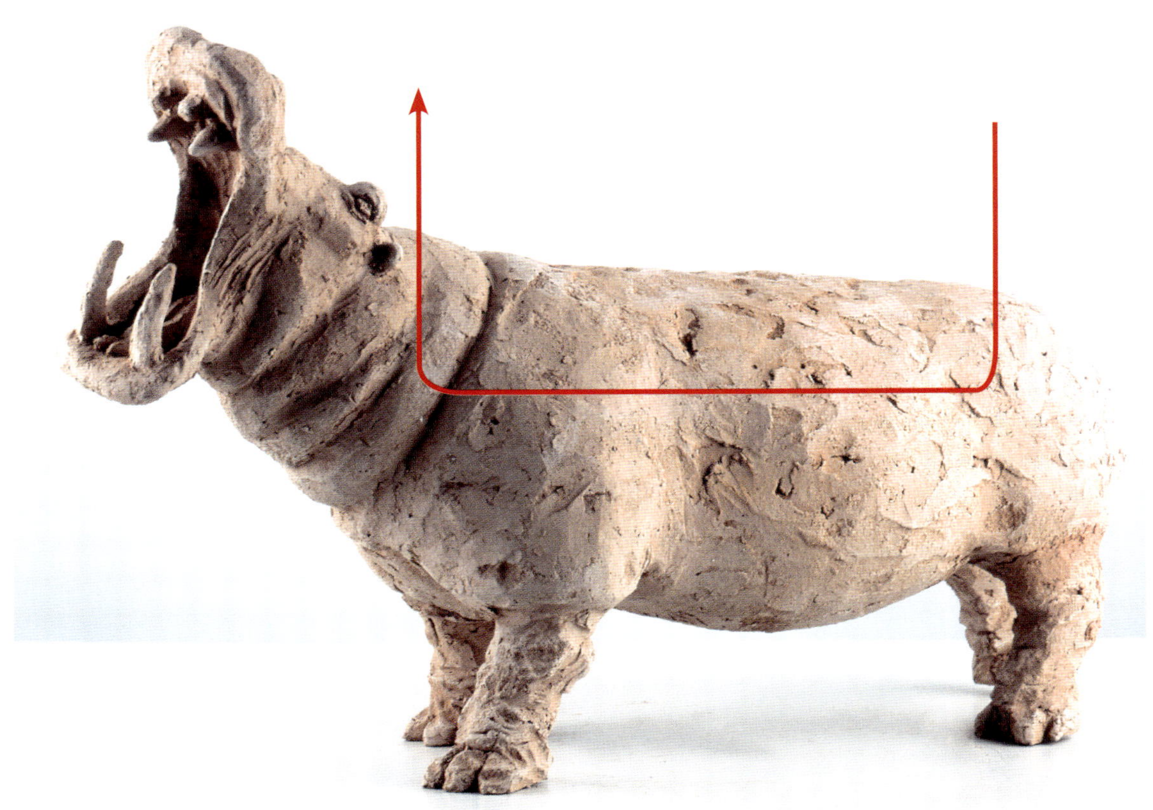

Nilpferd, gebrannter und patinierter Ton. Darstellung der Schnittführung.

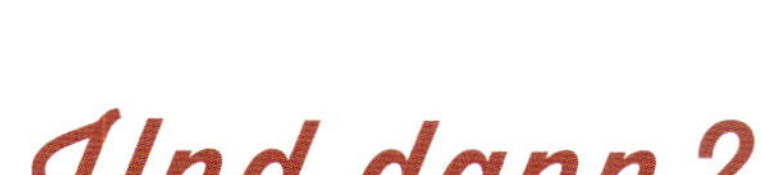

Und dann?

DAS AUSHÖHLEN DES WERKSTÜCKS: WO AUFSCHNEIDEN?

Je nachdem, wie groß die Masse Ihrer Skulptur ist, muss sie ausgehöhlt werden. Ich werde hier nicht den gesamten Vorgang wiederholen, das habe ich bereits in dem Buch *Vollplastik und Flachrelief,* in Frankreich erschienen im Ulisse Verlag, beschrieben. Aber zusammenfassend lässt sich sagen, dass eine Skulptur, damit sie unbeschadet den Brand übersteht, aufgeschnitten werden muss, damit sich die größten Volumen aushöhlen lassen. Und nicht vergessen, ein kleines Loch hineinzustechen, durch das die sich ausdehnende Luft austreten kann. Danach wird wieder zusammengesetzt.

Mir ist aufgefallen, dass, auch wenn man schon über viel Erfahrung beim Durchführen dieser schwierigen Operation hat, die Hauptschwierigkeit im Aufschneiden besteht.

Zu welchem Zeitpunkt?

Es ist offensichtlich, dass man das Objekt am besten aushöhlt, also leichter macht, bevor man die Stütze entfernt. Das Entlüftungsloch wird unten gestochen, etwa zwischen den Beinen, damit es nicht auffällt. Beachten Sie, dass es sehr klein sein und zum Beispiel mit einer Büroklammer gestochen werden kann. Die Luft kann problemlos entweichen und es muss nicht einmal nach dem Brand verstopft werden.

Wie wird der Draht am besten geführt?

Der einfachste Fall ist das stehende Tier. Der Draht schneidet den Rücken wie einen Deckel ab, ausgehend vom Hinterteil und waagerecht bis zum Hals. Dadurch entsteht eine Art sehr breites „U", sodass das Objekt während der Operation nicht instabil wird. So erhalten wir Zugang zu allen Volumen und können vor allem mit einer Stricknadel Löcher in alle Pfoten stechen, wenn sie dick ausfallen. Dadurch werden sie belüftet, aber nicht geschwächt. Wir schließen das Aushöhlen ab, indem wir Löcher in den Hals und in den Kopf stechen.

DAS ENTFERNEN DER STÜTZE

Es ist nicht immer nötig, die Stütze aufzubewahren. Folgendermaßen kann man vorgehen, wenn man sie entfernen will: Weil die Oberseite der Stütze und der Bauch am Ende oft aneinanderkleben, muss man sie mit dem Schneidedraht trennen. Schneiden Sie präzise, um nicht allzu viele Korrekturen am Bauch des Tieres vornehmen zu müssen, denn durch den Sockel ist er schwer zugänglich. Und je weniger manipuliert wird, desto geringer ist die Bruchgefahr.

Danach durchschneiden Sie die Stütze, wie auf der Zeichnung unten gezeigt, ebenfalls mit dem Schneidedraht. Dadurch erhalten Sie drei Abschnitte. Der mittlere Teil (Nummer 1) wird als erstes entfernt. Seine gänzlich losgelöste Form trennt sich problemlos von den beiden anderen. Danach kann Nummer 2 gelöst und entnommen werden. Zum Schluss Nummer 3. Wenn dieser Teil noch am Sockel kleben sollte, wird er ebenfalls mit dem Draht abgeschnitten.

Diese Operation wird durchgeführt, wenn der Ton schon so fest ist, dass er sich selbst trägt, aber noch so weich, dass er sich mit dem Draht schneiden lässt.

In jedem Fall muss das Stück ausgehöhlt werden, bevor die Stütze entfernt wird.

Ein letzter Rat noch: Bisweilen ist es ratsam, die Stütze während des Trocknens und Brennens wieder einzusetzen. Dafür muss sie nur in umgekehrter Reihenfolge wieder zusammengesetzt werden, also von Nummer 3 bis Nummer 1. Und weil man nie vorsichtig genug sein kann, wird noch ein kleines Stück Plastikfolie zwischen Sockel und Stütze und zwischen Bauch und Stütze gelegt, damit nichts zusammenklebt.

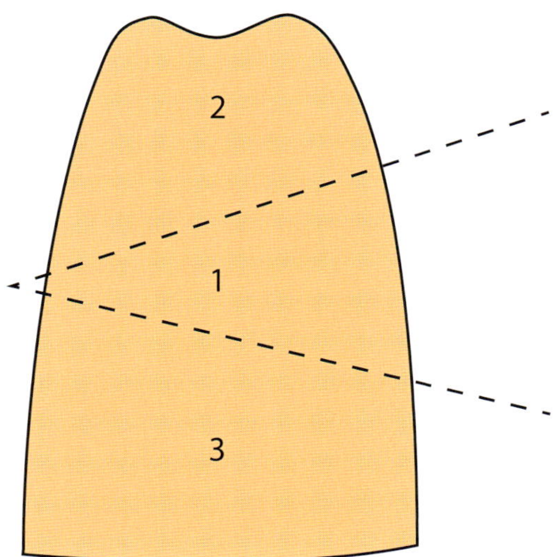

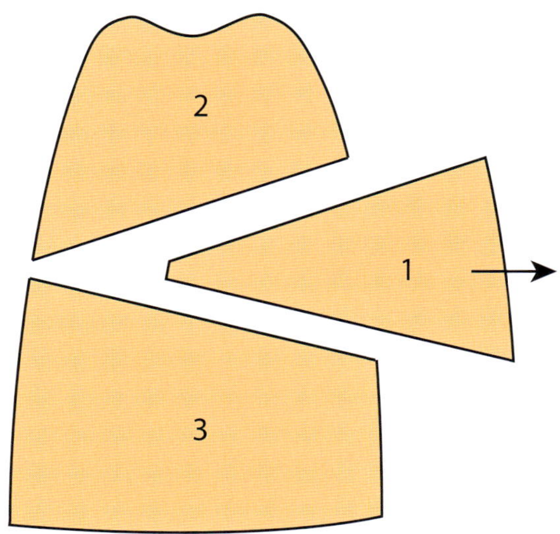

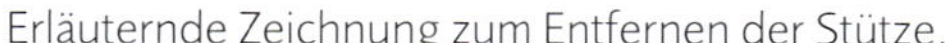
Erläuternde Zeichnung zum Entfernen der Stütze.

STRUKTUR

Viele Amateure legen großen Wert auf Details und Präzision und arbeiten das Fell des Tieres sozusagen Haar für Haar heraus. Eine solche kindliche Vorgehensweise bewirkt das Gegenteil dessen, wonach der Künstler strebt: Die Skulptur wirkt wie billiger Nippes. Also erinnern wir uns der wertvollen Ratschläge, die uns Auguste Rodin großzügig in seinem künstlerischen Vermächtnis hinterließ, bevor er ins Bildhauerparadies entschwand: „Seid wahrhaftig, junge Leute, seid nicht auf platte Art exakt." Das bedeutet im Klartext, dass es wichtiger ist, sich um das Ganze zu kümmern, denn zu viele Details könnten die lebendige Seite der Arbeit „abtöten".

Der Eindruck (und nicht die präzise Wiedergabe) eines dicken Fells ist unbestreitbar deutlicher und erstaunlicher, weil das Auge nicht durch nutzlose Details abgelenkt ist. Der berühmte Eisbär von François Pompon ist ein eindrucksvolles Beispiel dafür. Der Marmor ist glatt und seidig, und dennoch zeigt das Werk eindeutig einen weißen Bären, der ein bisschen in seinem Kostüm schwimmt.

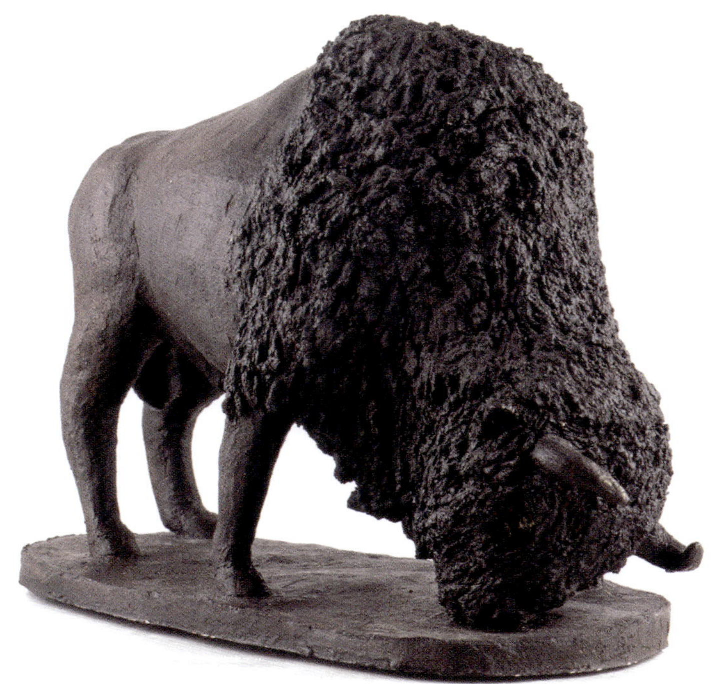

Bison (Cathy Caffort), gebrannter und patinierter Ton. Bei der Herstellung des Fells wurden die ganz feinen Details nicht berücksichtigt; es besteht aus der groben Masse, die durch zugefügte und kaum verstrichene Tonkugeln entsteht.

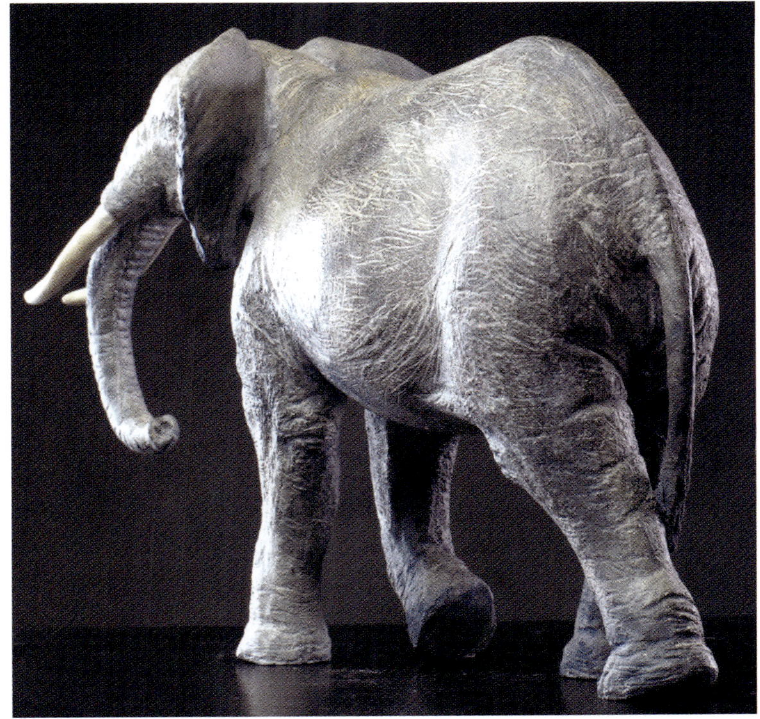

Rückansicht eines Elefanten. Die Struktur entsteht unter Verwendung einer sehr kleinen Schlinge und der Kante eines Modellierholzes, wie Schraffuren, die sich kreuzen und überlagern.

Wie geht das?

Betrachten Sie Ihr Modell, seine Bewegungen, die Hauptmassen seines Umrisses, wie sich die Haut bzw. das Fell in der Bewegung verhält. Sieht man Falten? Sind die Biegungen der Gelenke deutlich sichtbar? Oder erahnt man sie eher? Die Antworten auf diese Fragen verhelfen Ihnen zu einem besseren Verständnis von Ihrem Objekt.

Es ist nicht nötig, die gesamte „Haut" zu zeigen. Oft bieten die Umrisse dem Auge genug Informationen. Davon abgesehen, um ein einfaches Bild zu verwenden: Ein Schattenriss bietet überhaupt kein Detail, und dennoch erkennen wir auf den ersten Blick, um was oder wen es sich handelt.

Wenn das Tier ein dickes oder langes Fell hat, wie manche Hunde oder die Jaks, Ameisenbären und andere, dann ist die Betonung von Strähnen, wie wir sie vom menschlichen Haar kennen, Beweis genug. Der Gebrauch eines feuchten Pinsels kann sich als sehr wirkungsvoll erweisen, wie im Fall von „Schritt für Schritt zum Bären" (siehe S. 52).

Auch die Falten haben eine große Wirkung. Um das Beispiel des Eisbären wieder aufzunehmen: Es führt ein nicht genau nach vorne gerichteter Kopf unweigerlich dazu, dass der Hals auf einer Seite anschwillt und mindestens zwei Falten wirft. Dadurch entsteht der Eindruck einer dicken Masse aus Fett und Pelz. Das Gleiche gilt für die Meeressäuger.

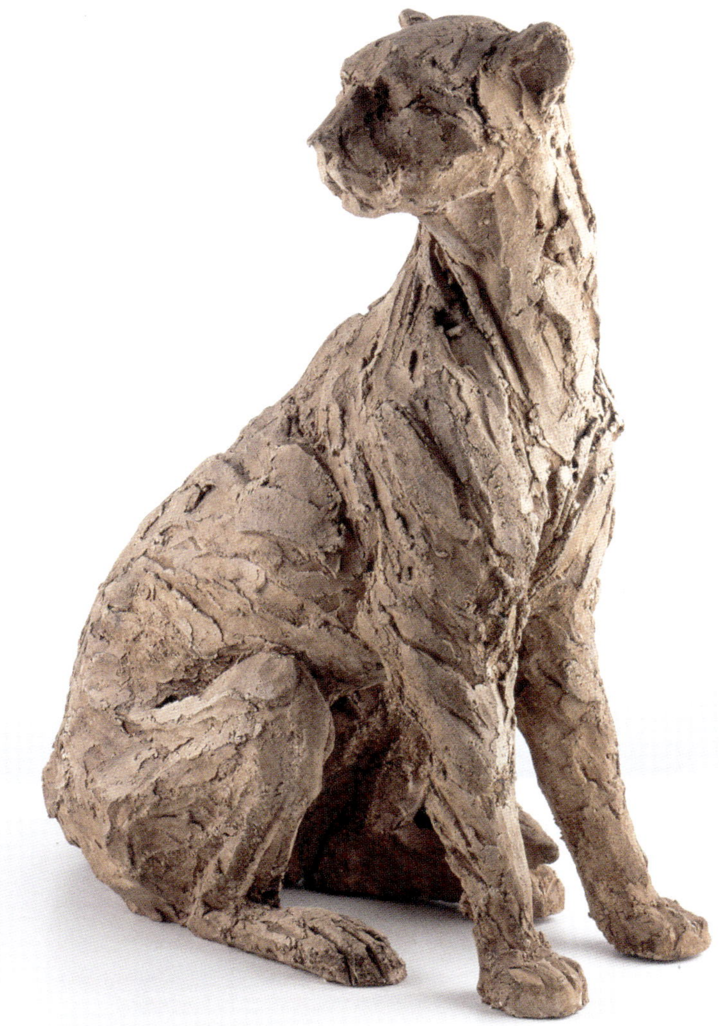

Gepard (Alain Bergé), gebrannter und patinierter Ton. Die Struktur wurde ausschließlich mit dem Modellierholz geschaffen. So entsteht eine besondere Kraft, ein echter persönlicher Stil.

Und dann gibt es noch die Möglichkeit, die Struktur auf eine persönlichere Art anzugehen. Dadurch können Sie sich ausdrücken, mit dem Ton sozusagen schreiben. Die Möglichkeit, Linien zu straffen oder zu brechen, Ebenen zu vereinfachen oder im Gegenteil zu vervielfältigen. All dies trägt dazu bei, dass man Ihren Fingerabdruck unter vielen anderen wiedererkennt. Das ist das, was man einen Stil nennt.

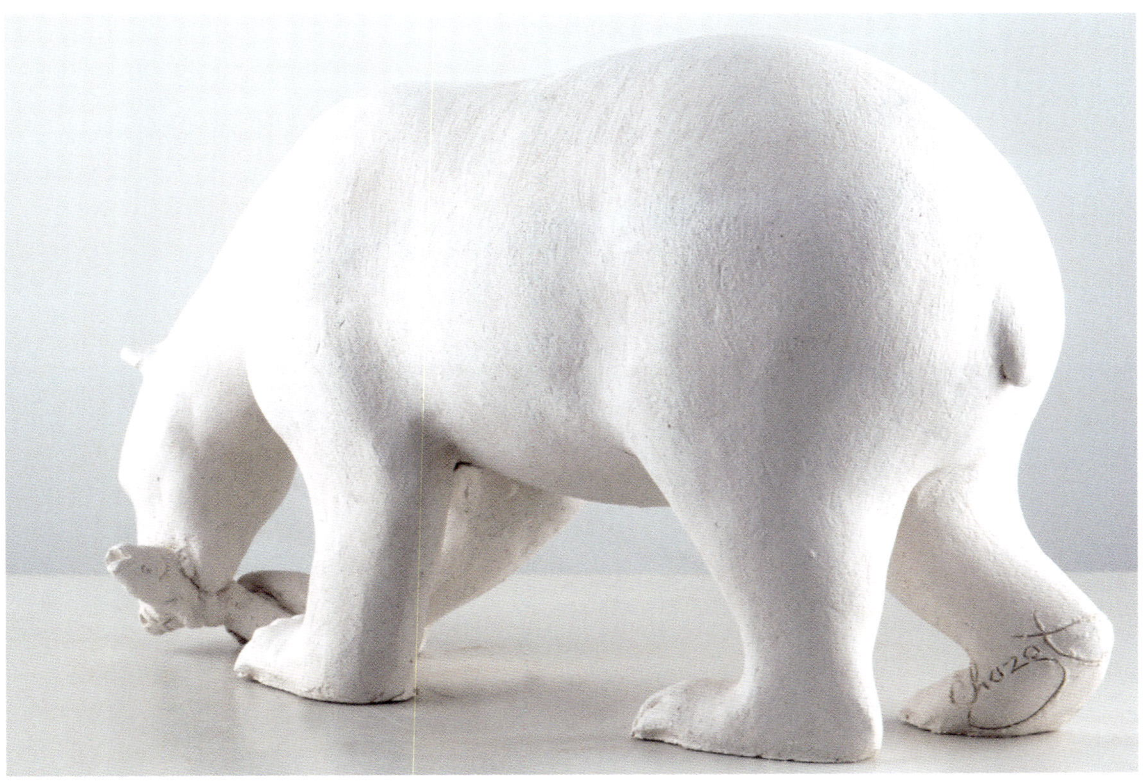

Einen Fisch fressender Bär (Philippe Chazot), gebrannter und patinierter Ton, die Struktur stammt von einem Pinsel.

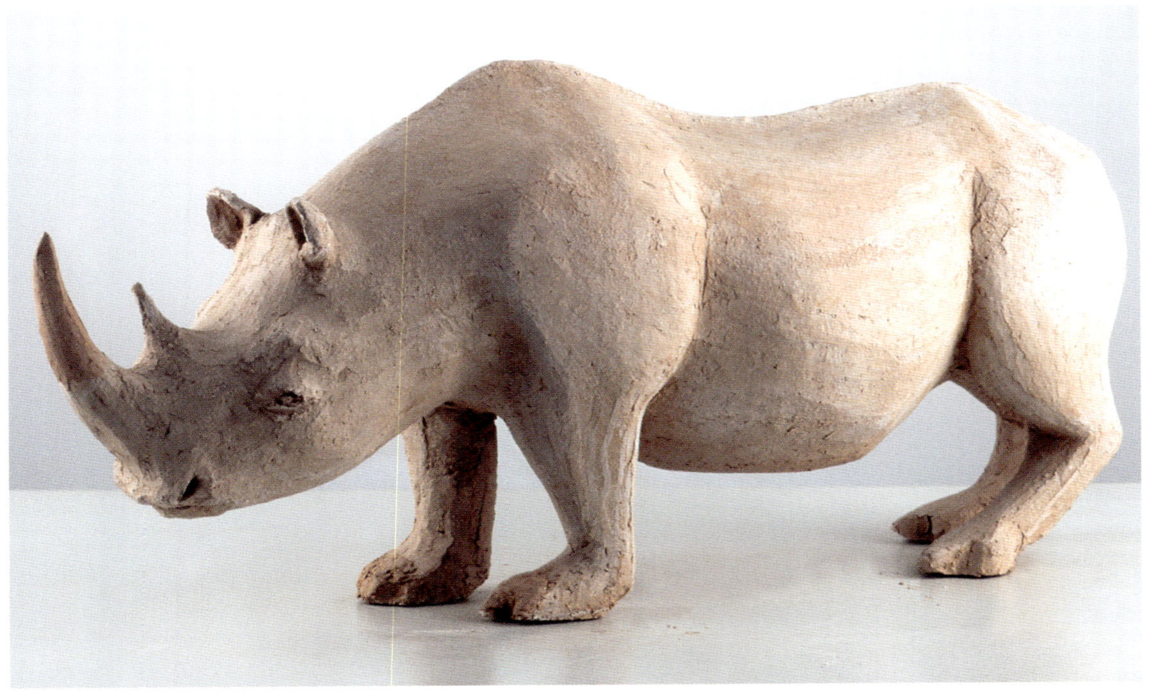

Rhinozeros (Bénédicte Deconninck), gebrannter und patinierter Ton. Die Volumen sind vereinfacht, die Oberflächen unter Spannung.

DEN EIGENEN STIL FINDEN

Noch eine Anmerkung zu diesem Thema, um alle die zu beruhigen, die vielleicht frustriert sind, weil sie einen Stil suchen und nicht finden ... Hören Sie auf zu suchen! Durch Suchen werden Sie nicht fündig. Arbeiten Sie zum Vergnügen, mit Ihren eigenen Bewegungen, ohne nachzudenken. Behandeln Sie Themen, die sie erfreuen, Ihnen gefallen, Sie auf positive Weise beschäftigen. Dann wird der Stil eines Tages Sie finden!

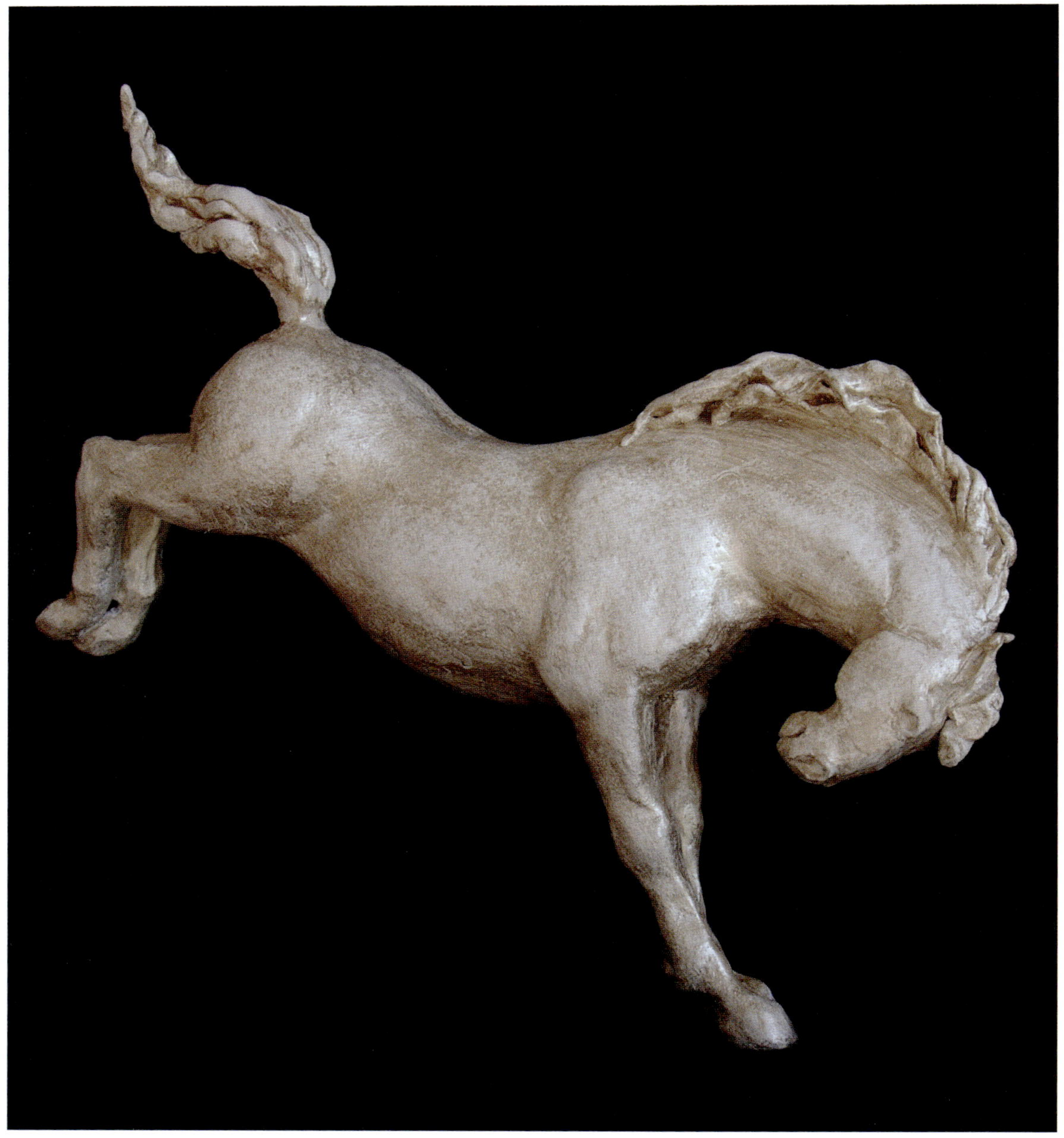

Pferd (KALIS – Lydia Kalischer), gebrannter und patinierter Ton.

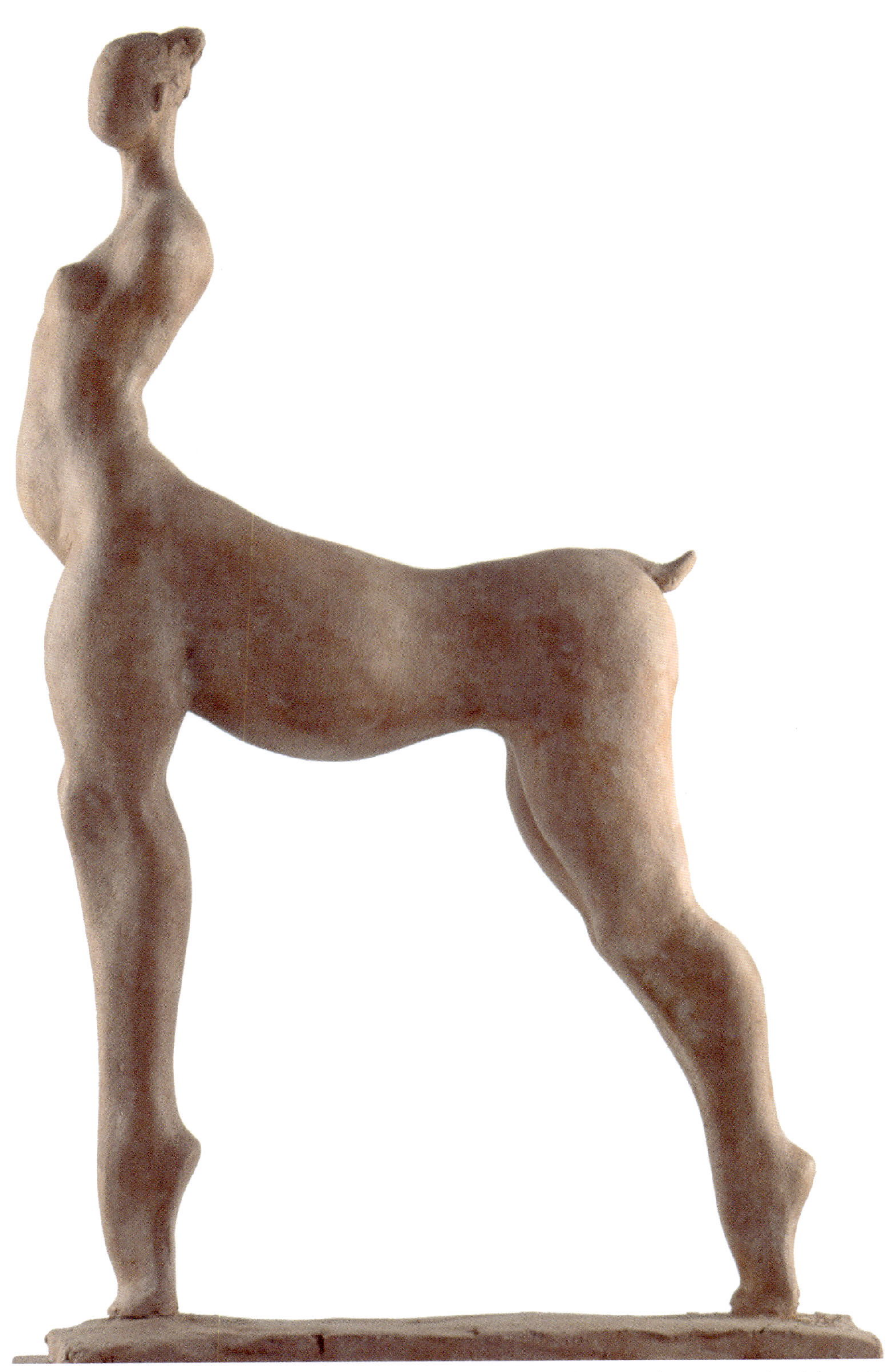

Bambiche (Philippe Chazot), gebrannter und patinierter Ton.
Beispiel für eine von einem Stil geprägte Interpretation.

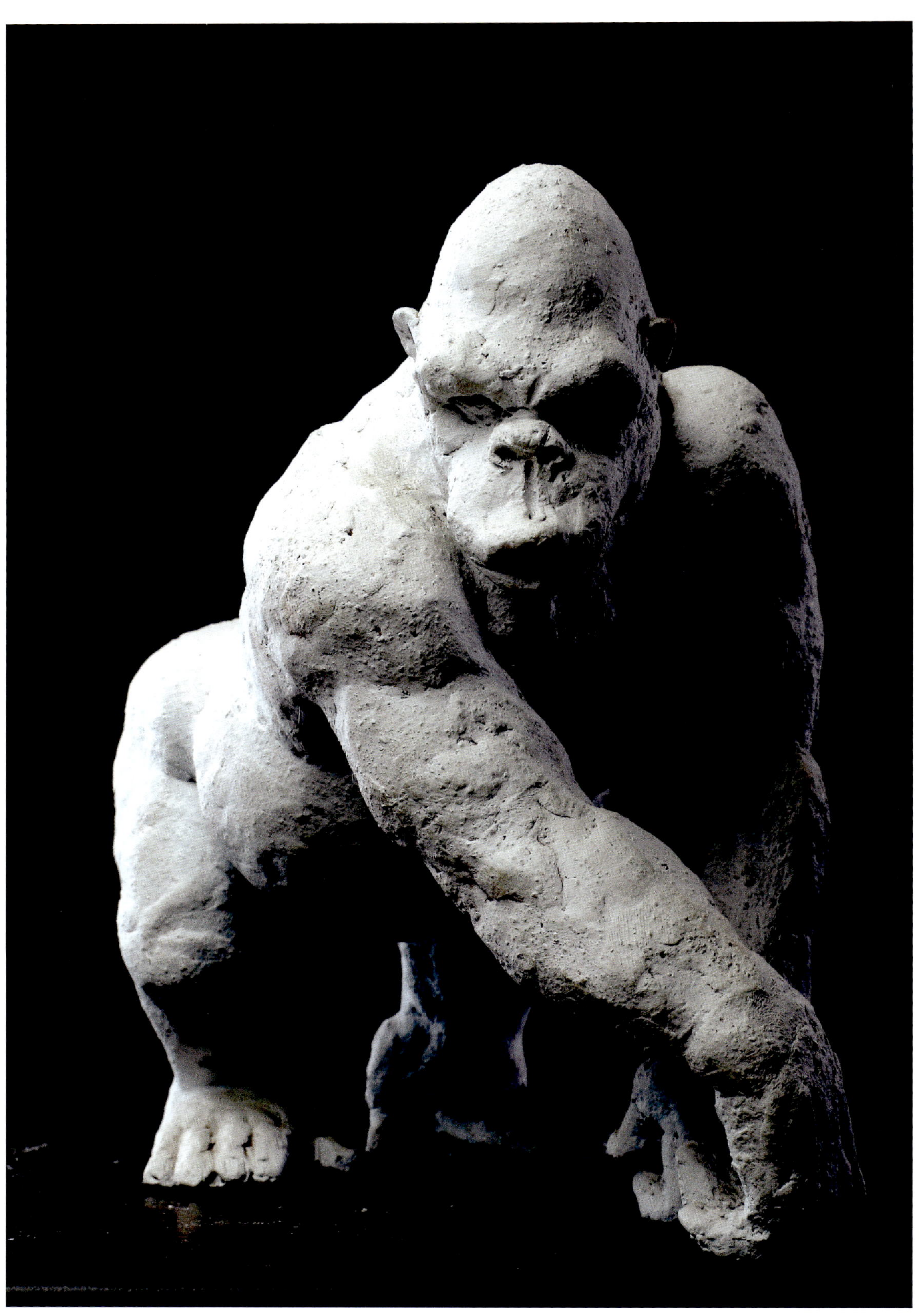

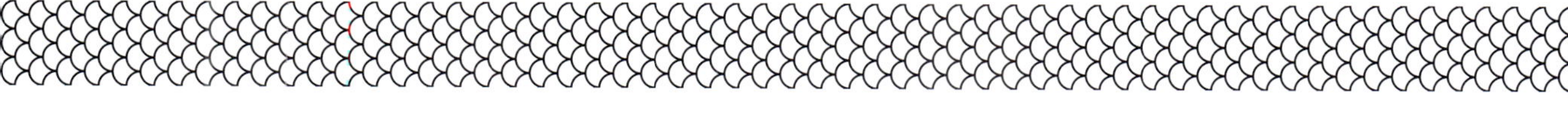

Schlusswort

Die natürliche Vielfalt der Tierwelt lässt sich niemals in einem einzigen Buch zusammenfassen. Zu diesem Thema gibt es bereits zahlreiche Werke. Je besser Sie informiert sind und je besser Sie Ihr Objekt kennen, desto einfacher wird es Ihnen fallen, seinen Charakter wiederzugeben.

Wenn ich eine Tierdokumentation ansehe, achte ich viel aufmerksamer auf die Bilder als auf den Kommentar. Die belebten Bilder vermitteln einem Ideen zu Haltung und Komposition. Das erfordert viel Gedächtnisarbeit, aber es befriedigt ungemein, wenn aus den eigenen Händen eine Skulptur erwächst, figurativ zwar, aber ein Abbild der eigenen Vorstellungskraft.

Ein breites Sortiment an Haltungen bieten natürlich die Affen. Die Vermenschlichung ermöglicht bei ihnen eine stärkere Projektion als bei jedem anderen Thema.

Mein letzter Rat in diesem Schlusswort: Beschäftigen Sie sich mit dem, was Sie spontan anzieht. Und wenn Sie einmal nicht weiterkommen, wenden Sie sich vorerst dem zu, was Sie gar nicht anzieht. Das gilt für das Thema Tier, aber auch für alle anderen Themen. Denn die Einschränkung verschafft Ihnen letztendlich eine ebenso wertvolle wie angenehme Erfahrung. Was einen weiterbringt, ist die Herausforderung, das Unvorhersehbare, die unerwarteten Erfahrungen! Provozieren Sie sie, wenn niemand anders sie Ihnen nahelegt. Die Hinwendung zum Vertrauten, Einfachen hilft Ihnen nicht bei der Weiterentwicklung von Blick, Technik und Geschmack. Denn wenn man es bedenkt, ist das Schlimmste, was beim Modellieren passieren kann, ein „misslungenes" Werk. Na und! Wir profitieren in jedem Fall von der Erfahrung. Die Gefahr von Verletzungen oder sonstigen gesundheitlichen Schäden besteht zu keiner Zeit. Also worauf warten? Los geht's!

Linke Seite:
Gorilla (Philippe Chazot), gebrannter und patinierter Ton. Das Fell ist nicht dargestellt, sondern die Struktur entsteht durch das grobe Aussehen.

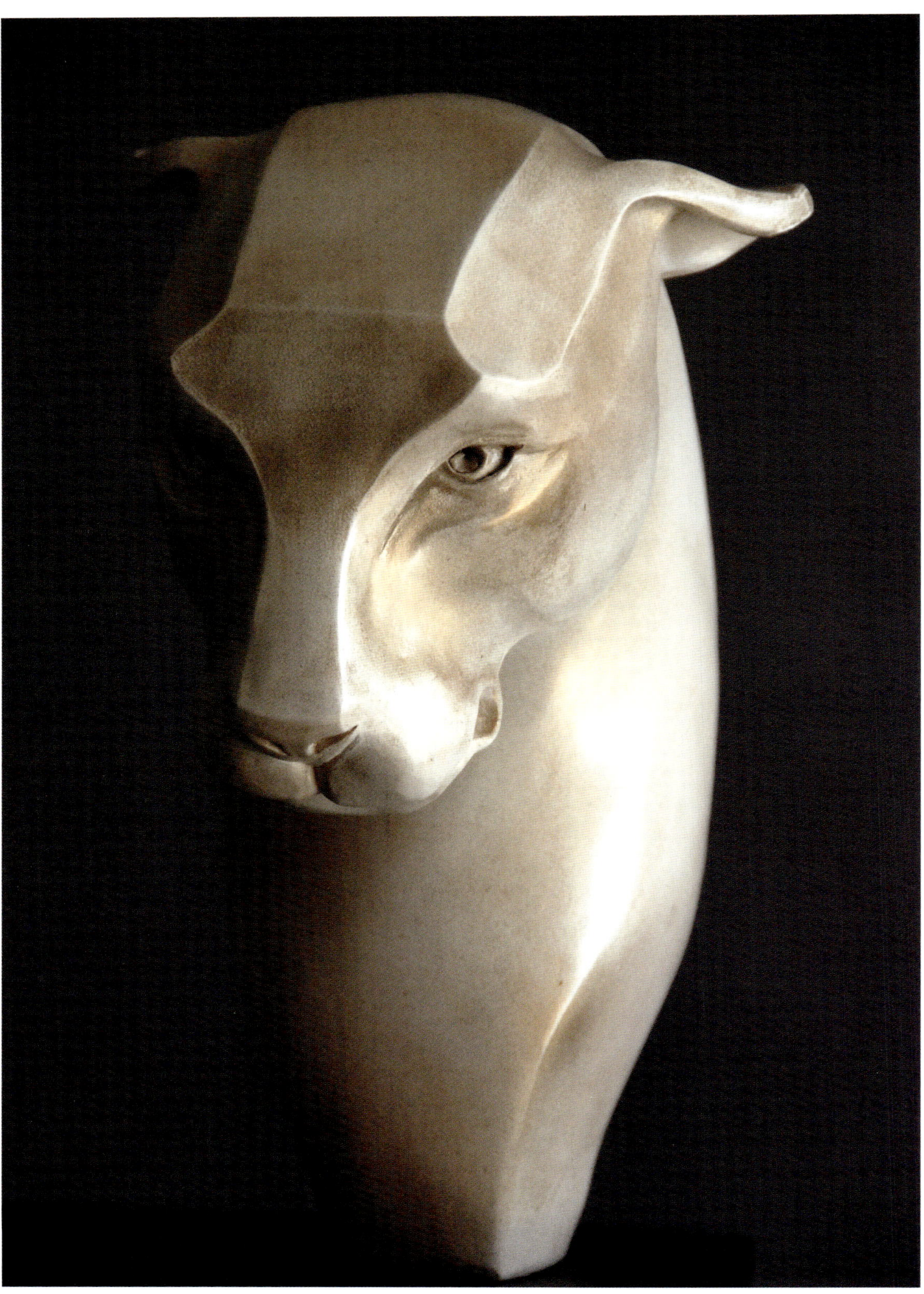

Pantherkopf (KALIS – Lydia Kalischer), gebrannter und patinierter Ton.

Danksagungen

Voll Dankbarkeit bin ich für das Glück, Angehörige zu haben, die mich vorbehaltlos unterstützen. Ich werde sie nicht alle hier aufführen, aus Angst, jemanden zu vergessen. Aber ich bin sicher, sie werden sich wiedererkennen.

Mein besonderer Dank gilt natürlich Pascale Roux und Caroline Monition für das Lektorat meiner Kritzeleien und ihre sachdienlichen Hinweise, die es mir ermöglicht haben, bestimmte Punkte klarer darzustellen.

Außerdem: Christine Aquilar, Alain Bergé, Cathy Caffort, Janine Chauvin, Bénédicte Deconninck, Céline Faure, Chantal Générat-Beudez, Michelle Grenier-Boley, Mireille Lescouet, Georgette Lougasi, Françoise Louisin und KALIS (Lydia Kalischer) für das Ausleihen ihrer Werke zum Zweck der Illustrierung, die dieses Buch zu einer angenehmen Lektüre machen.

Ein großer Dank an Jean Duperrex für seine freundliche Zustimmung zur Verwendung von Fotos und Zeichnungen von Skeletten von seiner außergewöhnlichen Website (www.jeanduperrex.ch/Site/Anatomie_compar.html).

Dank an meinen Freund Pierre Avy für seine Hilfe bei der Erstellung der Schritt-für-Schritt-Anleitungen und an meinen Freund Louis Treserras für das Fotografieren bestimmter Werke.

Mein Dank für die erste Ausgabe richtet sich an Isabelle Chaler für ihre Geduld, ihre Kompetenz als Modellbauerin und ihr positives Herangehen an Herausforderungen; sowie an Odile Tambou, meine Herausgeberin, die stets großen Wert auf die Qualität der Bezüge und der Arbeit gelegt hat.

Und zum Schluss danke ich Ihnen, liebe Leser und Leserinnen, die mich bisweilen angeschrieben haben und mir Mut zum Weitermachen gemacht haben.
Das ist hiermit geschehen!

Der Titel der französischen Originalausgabe erschien 2019 unter dem Titel
Le Modelage – Les animaux
bei:

Dépôt légal : octobre 2019

Philippe Chazot
Tiere modellieren
Übersetzung aus dem Französischen: Ansgar Tolksdorf

5. Auflage 2026

ISBN 978-3-936489-65-1

Fotos: Gérard Boulanger, Pierre Avy, Louis Treserras und Jean Duperrex
Layout: Manon Bucciarelli

Satz: Martin Kring, Lahnstein
Lektorat: Wolf Matthes
Druck: Druckerei Dimograf, Bielsko-Biala

Die im Buch veröffentlichten Angaben und Ratschläge
wurden von Autor, Übersetzer und Verlag sorgfältig geprüft.
Eine Haftung für Sach- und Personenschäden ist jedoch ausgeschlossen.

Hanusch Verlag
Emser Straße 3
56112 Lahnstein
hanusch-verlag.de
info@hanusch-verlag.de